아이가 주인공인 책

아이는 스스로 생각하고 매일 성장합니다.
부모가 아이를 존중하고 그 가능성을 믿을 때
새로운 문제들을 스스로 해결해 나갈 수 있습니다.

〈기적의 학습서〉는 아이가 주인공인 책입니다.
탄탄한 실력을 만드는 체계적인 학습법으로
아이의 공부 자신감을 높여 줍니다.

아이의 가능성과 꿈을 응원해 주세요.
아이가 주인공인 분위기를 만들어 주고,
작은 노력과 땀방울에 큰 박수를 보내 주세요.
〈기적의 학습서〉가 자녀 교육에 힘이 되겠습니다.

나는 식당을 열어
서 고아원 아이들을 그리고
도와 줄겁니다.
아이들이되어 웃기 히줄겁니다
성노도되어 어린아들 웃게 할겁니다

조심조심 착은히 통
해야 된다.

숙제가 하기 싫어는데 매미소리덕ㅇ
한 보기운이좋아졌다

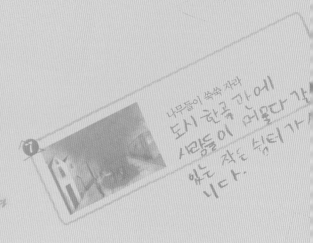

나무들이 쑥쑥 자라
도시 한곡 간에
사람들이 머물다가
있는 작은 뒷터가ㅁ
니다.

뿌듯

다섯친구들을 아주 용감하
다. 다섯친구들

너무 좋다!

어이없이 소원을빌어서
이제 나무를 잘 패세요.

언제	새벽 5시에
어디에서	집에서
누구와	나와
무슨일	더워서 새벽5시에일어났다

그 다섯 명이
셀줄도 모르고
덤벼서 너무 안
프고 억울해
또 만나면
내줄거야

호랑이

[기적의 독서 논술] 샘플을 먼저 경험한 전국의 주인공들

강민준 공현욱 구민서 구본준 권다은 권민재 김가은 김규리 김도연 김서현 김성훈

김윤아 김은서 김정원 김태완 김현우 남혜인 노윤아 노혜욱 류수영 박선율 박세은

박은서 박재현 박주안 박채운 박채환 박현우 배건웅 서아영 손승우 신예나 심민규

심준우 양서정 오수빈 온하늘 원현정 유혜수 윤서연 윤호찬 이 솔 이준기 이준혁

이하연 이효정 장보경 전예찬 전헌재 정윤서 정지우 조연서 조영민 조은상 주하림

지예인 진하윤 천태희 최예린 최정연 추예은 허준석 홍주원 홍주혁

"
고맙습니다.
우리 친구들 덕분에 이 책을 잘 만들 수 있었습니다.
"

안녕? 난 **뚱**이라고 해. 2019살이야.

디자이너 비따쌤이 만들었는데, 길벗쌤이 날 딱 보더니 엉뚱한 생각을 많이 할 것 같다고

'뚱'이란 이름을 지어 줬어. (뚱뚱해서 지은 거 아니야! 화났뚱) 나는 이 책에 가끔 나와.

새싹뚱, 글자뚱, 읽는뚱, 쓰는뚱, 생각뚱, 탐구뚱, 박사뚱, 말뚱, 놀뚱, 쉴뚱! (☁**뚱** 아니야! 잘 봐~)

너희들 읽기도 쓰기도 하는 둥 마는 둥 할까 봐 내가 아주 걱정이 많아. 그래서 살짝뚱 도와줄 거야.

같이 해 보자고!! 뚱뚱~~

초등 문해력, **쓰기**로 완성한다!

기 적 의
독서 논술

길벗스쿨

기 적 의 **독서 논술** **3** **초등 2학년**

초판 1쇄 발행 2020년 2월 2일
개정 1쇄 발행 2024년 4월 11일

지은이 기적학습연구소
발행인 이종원
발행처 길벗스쿨
출판사 등록일 2006년 6월 16일
주소 서울시 마포구 월드컵로 10길 56(서교동 467-9)
대표 전화 02)332-0931 | **팩스** 02)323-0586
홈페이지 www.gilbutschool.co.kr | **이메일** gilbut@gilbut.co.kr

기획 신경아(skalion@gilbut.co.kr) | **책임 편집** 박은숙, 유명희, 이은정
제작 이준호, 손일순, 이진혁 | **영업마케팅** 문세연, 박선경, 박다슬 | **웹마케팅** 박달님, 이재윤, 나혜연
영업관리 김명자, 정경화 | **독자지원** 윤정아

디자인 디자인비따 | **전산편집** 디그린, 린 기획
편집 진행 이은정 | **교정 교열** 백영주
표지 일러스트 이승정 | **본문 일러스트** 이주연, 루인, 조수희, 백정석, 김지아
CTP출력 및 인쇄 교보피앤비 | **제본** 경문제책

ISBN 979-11-6406-673-5 64710
(길벗스쿨 도서번호 10941)
정가 12,000원

독자의 1초를 아껴주는 정성 길벗출판사

길벗스쿨 | 국어학습서, 수학학습서, 유아학습서, 어학학습서, 어린이교양서, 교과서
길벗 | IT실용서, IT/일반 수험서, IT전문서, 경제실용서, 취미실용서, 건강실용서, 자녀교육서
더퀘스트 | 인문교양서, 비즈니스서
길벗이지톡 | 어학단행본, 어학수험서

'읽다'라는 동사에는 명령형이 먹혀들지 않는다.

이를테면 '사랑하다'라든가 '꿈꾸다' 같은 동사처럼.

'읽다'는 명령형으로 쓰면 거부 반응을 일으키는 것이다. 물론 줄기차게 시도해 볼 수는 있다.

"사랑해라!", "꿈을 가져라."라든가, "책 좀 읽어라, 제발!", "너, 이 자식, 책 읽으라고 했잖아!"라고.

효과는? 전혀 없다.

— 『다니엘 페나크, 〈소설처럼〉 중에서』

이 책을 기획하면서 읽었던 많은 독서 교육 관련 책 중에 가장 기억에 남는 구절이었습니다. 볼거리와 놀거리가 차고 넘치는 세상에서 아이들에게 그럼에도 불구하고 '독서가 답이야.'라고 말해 주고 싶어서 이 책을 기획했습니다. 그래서 어떻게 하면 '독서(읽다)와 논술(쓰다)'이라는 말이 명령형처럼 들리지 않을까 고민했습니다. '혼자서도 할 수 있어.'에서 '같이 해 보자.'로 방법을 바꿔 제안합니다.

독서도 연산처럼 훈련이 필요한 학습입니다. 글자를 뗀 이후부터 혼자서 책을 척척 찾아 읽고, 독서 감상문도 줄줄 잘 쓰는 친구가 있을까요? 처음에는 쉽지 않습니다. 초보 독서에서 벗어나 능숙한 독서가로 성장하기 위해서는 무릎 학교 선생님(부모님)의 도움이 필요합니다. 가랑비에 옷 젖듯, 매일 조금씩 천천히 함께 책 읽는 시간을 가져 보세요. 그리고 읽은 것에 대해 이런저런 대화를 나누어 보세요. 함께 책을 읽는 연습이 되어야 생각하는 힘이 생기고, 자기 생각을 표현하는 방법도 깨우치게 됩니다.

아이가 잘 읽고 있다고 생각할 수 있지만, 내용을 금방 파악하기 어려울 수 있습니다. 이럴 때 부모님께서 함께 글의 내용을 떠올려 봐 주시고, 생각의 물꼬를 터 주신다면 아이들은 쉽게 글 속으로 빠져들게 될 것입니다.

생각을 표현하는 것 또한 녹록지 않을 수 있습니다. 처음부터 완벽한 문장으로 쓰기를 기대하지 마세요. 읽는 것만큼 쓰는 것도 자주 해 봐야 늡니다. 쓰기를 특히 어려워한다면 말로 표현해 보라고 먼저 권유해 주세요. 한 주에 한 편씩 읽고 쓰고 대화하는 동안에 공감 능력과 이해력이 생기고, 생각하고 표현하는 능력이 향상될 것입니다.

초등 공부는 읽기로 시작해서 쓰기로 완성됩니다. 지금 이 책이 그 효과적인 독서 교육 방법을 제안합니다. 이 책을 선택하신 무릎 학교 선생님, 우리 아이에게 딱 맞는 독서 교육가가 되어 주십시오. 아이와 함께 할 때 효과는 배가 될 것입니다.

2020. 2

기적학습연구소 일동

어떤 책인가요?

〈기적의 독서 논술〉은 매주 한 편씩 깊이 있게 글을 읽고 생각을 쓰면서 사고력을 키우는 초등 학년별 독서 논술 프로그램입니다.

눈에만 담는 독서에서 벗어나, 읽고 떠오르는 생각과 감정을 밖으로 표현해 보세요. 매주 새로운 글을 통해 생각 훈련을 하다 보면, 어휘력과 독해력은 물론 표현력까지 기를 수 있습니다. 예비 초등을 시작으로 학년별 2권씩, 총 14권으로 구성되어 있습니다.

* 초등 고학년(5~6학년)을 대상으로 한 〈기적의 역사 논술〉도 함께 출시되어 있습니다. 〈기적의 역사 논술〉은 매주 한 편씩 한국사 스토리를 통해 역사적 맥락을 이해하고, 그 의미를 파악하며 생각을 써 보는 통합 사고력 프로그램입니다.

 1 **학년(연령)별 구성**

P1	P2	1	2	3	4	5	6	7	8	9	10	11	12
예비 초등		1학년		2학년		3학년		4학년		5학년		6학년	

학년별 2권 구성

한 학기에 한 권씩 독서 논술을 테마로 학습 계획을 짜 보는 것은 어떨까요?

독서 프로그램 차등 설계

읽기 역량을 고려하여 본문의 구성도 차등 적용하였습니다.

예비 초등과 초등 1학년은 짧은 글을 중심으로 장면별로 끊어 읽는 독서법을 채택하였습니다. 초등 2~4학년은 한 편의 글을 앞뒤로 나누어 읽도록 하였고, 초등 5~6학년은 한 편의 글을 끊지 않고 쭉 이어서 읽도록 하였습니다. 글을 읽은 뒤에는 글의 내용을 확인 정리하면서 생각을 펼칠 수 있도록 설계하였습니다.

선택팁 단계별(학년별)로 읽기 분량이나 서술·논술형 문제에 난이도 차가 있습니다. 아이 학년에 맞게 책을 선택하시되 첫 주의 내용을 보시고 너무 어렵겠다 싶으시면 전 단계를, 이 정도면 수월하겠다 싶으시면 다음 권을 선택하셔서 학습하시길 추천드립니다.

② 읽기 역량을 고려한 다채로운 읽기물 선정 (커리큘럼 소개)

권	주	읽기물	주제	장르	비고	특강
P1	1	염소네 대문	친구 사귀기	창작 동화	인문, 사회	한 장면 생각 표현
	2	바람과 해님	지혜, 온화함	명작 동화	인문, 과학	
	3	임금님 귀는 당나귀 귀	비밀 지키기	전래 동화	인문, 사회	
	4	숲속 꼬마 사자의 변신	바른 태도로 듣기	창작 동화	사회, 언어	
P2	1	수상한 아저씨의 뚝딱 목공소	편견, 직업	창작 동화	인문, 기술	한 장면 생각 표현
	2	짧아진 바지	효, 소통	전래 동화	사회, 문화	
	3	레옹을 부탁해요	유기묘, 동물 사랑	창작 동화	인문, 과학	
	4	어리석은 소원	신중하게 생각하기	명작 동화	인문, 사회	
1	1	글자가 사라진다면	한글의 소중함	창작 동화	언어, 사회	그림일기 사람을 소개하는 글
	2	노란색 운동화	쓸모와 나눔	창작 동화	사회, 경제	
	3	재주 많은 다섯 친구	재능	전래 동화	인문, 기술	
	4	우리는 한 가족	가족 호칭	지식 동화	사회, 문화	
2	1	토끼의 재판	은혜, 이웃 도와주기	전래 동화	인문, 사회	일기 물건을 설명하는 글
	2	신통방통 소식통	감각 기관	설명문	과학, 기술	
	3	숲속 거인의 흥미진진 퀴즈	도형	지식 동화	과학, 수학	
	4	열두 띠 이야기	열두 띠가 생겨난 유래	지식 동화	사회, 문화	
3	1	당신이 하는 일은 모두 옳아요	믿음	명작 동화	인문, 사회	부탁하는 글 편지
	2	바깥 활동 안전 수첩	안전 수칙	설명문	사회, 안전	
	3	이르기 대장 나최고	이해, 나쁜 습관	창작 동화	인문, 사회	
	4	우리 땅 곤충 관찰기	여름에 만나는 곤충	관찰 기록문	과학, 기술	
4	1	고제는 알고 있다	친구 이해	창작 동화	인문, 사회	책을 소개하는 글 관찰 기록문
	2	여성을 위한 변호사 이태영	위인, 남녀평등	전기문	사회, 문화	
	3	염색약이냐 연필깎이냐, 그것이 문제로다!	현명한 선택	경제 동화	사회, 경제	
	4	내 직업은 직업 발명가	직업 선택	지식 동화	사회, 기술	
5	1	지하 정원	성실함, 선행	창작 동화	사회, 철학	독서 감상문 제안하는 글
	2	내 친구가 사는 곳이 궁금해	대도시와 마을	지식 동화	사회, 지리	
	3	팥죽 호랑이와 일곱 녀석	배려와 공감	반전 동화	인문, 사회	
	4	수다쟁이 피피의 요란한 바다 여행	환경 보호, 미세 플라스틱 문제	지식 동화	과학, 환경	
6	1	여행	여행, 체험	동시	인문, 문화	설명문 시
	2	마녀의 빵	적절한 상황 판단	명작 동화	인문, 사회	
	3	숨바꼭질	자존감	창작 동화	사회, 문화	
	4	한반도의 동물을 구하라!	한반도의 멸종 동물들	설명문	과학, 환경	
7	1	작은 총알 하나	전쟁 반대, 평화	창작 동화	인문, 평화	기행문 논설문
	2	백제의 숨결, 무령왕릉	문화 유산 답사	기행문	역사, 문화	
	3	돌멩이 수프	공동체, 나눔	명작 동화	사회, 문화	
	4	우리 교실에 벼가 자라요	식물의 한살이	지식 동화	과학, 기술	
8	1	헬로! 두떡 마켓	북한 주민 정착	창작 동화	사회, 문화	기사문 연설문
	2	2005 스탠퍼드대학교 졸업식 연설문	끊임없는 도전 정신	연설문	과학, 기술	
	3	피부색으로 차별받지 않는 무지개 나라	편견과 차별	지식 동화	문화, 역사	
	4	양반전	위선과 무능 풍자	고전 소설	사회, 문화	

3 어휘력 + 독해력 + 표현력을 한번에 잡는 3단계 독서 프로그램

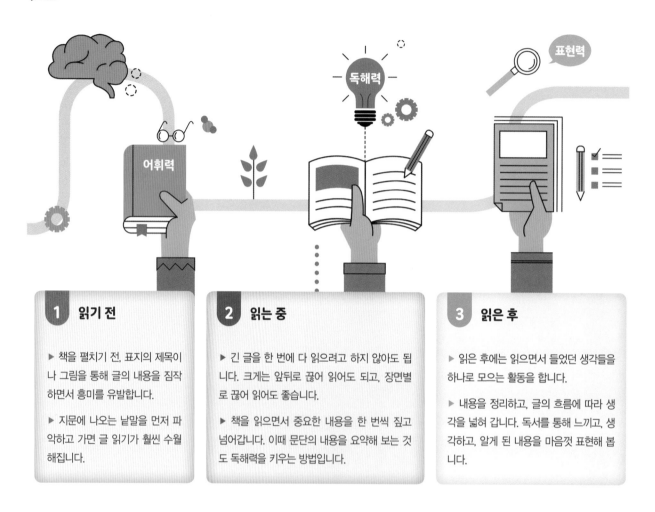

1 읽기 전

▶ 책을 펼치기 전, 표지의 제목이나 그림을 통해 글의 내용을 짐작하면서 흥미를 유발합니다.

▶ 지문에 나오는 낱말을 먼저 파악하고 가면 글 읽기가 훨씬 수월해집니다.

2 읽는 중

▶ 긴 글을 한 번에 다 읽으려고 하지 않아도 됩니다. 크게는 앞뒤로 끊어 읽어도 되고, 장면별로 끊어 읽어도 좋습니다.

▶ 책을 읽으면서 중요한 내용을 한 번씩 짚고 넘어갑니다. 이때 문단의 내용을 요약해 보는 것도 독해력을 키우는 방법입니다.

3 읽은 후

▶ 읽은 후에는 읽으면서 들었던 생각들을 하나로 모으는 활동을 합니다.

▶ 내용을 정리하고, 글의 흐름에 따라 생각을 넓혀 갑니다. 독서를 통해 느끼고, 생각하고, 알게 된 내용을 마음껏 표현해 봅니다.

예비 초등 ~ 1학년의 독서법

읽기 능력을 살리는 '장면별 끊어 읽기'

창작/전래/이솝 우화 등 짧지만 아이들의 감성을 자극하고 공감을 끌어낼 수 있는 이야기글을 수록하였습니다. 어린 연령일수록 읽기에 대한 거부감을 줄이고, 독서에 대한 재미를 더합니다.

2학년 이상의 독서법

사고력과 비판력을 키우는 '깊이 읽기'

동화뿐 아니라 시, 전기문, 기행문, 설명문, 연설문, 고전 등 다양한 갈래를 다루고 있습니다. 읽기 능력 신장을 위해 저학년에 비해 긴 글을 앞뒤로 나누어 읽어 봅니다. 흥미로운 주제와 시공간을 넘나드는 폭넓은 소재로 아이들의 생각을 펼칠 수 있게 하였습니다.

4 사고력 확장을 위한 서술·논술형 문제 출제

공감적 사고 **논리적 사고** **균형적 사고** **창의적 사고** **비판적 사고**

초등학생에게 논술은 '생각 쓰기 연습'에 해당합니다.

교육 평가 과정이 객관식에서 주관식 평가로 점차 변화하고 있습니다. 학교에서는 지필고사를 대신한 수행평가가 수시로 이루어지고 있습니다. 정오답을 찾는 단선적인 객관식보다 사고력을 평가할 수 있는 주관식의 비율이 높아지고, 국어뿐 아니라 수학, 사회, 과학 등 서술형 평가가 확대되고 있습니다. 이런 평가를 대비하여 글을 읽고, 생각을 표현하는 방법을 다각도로 훈련할 수 있도록 구성하였습니다.

이 책에서 출제된 서술·논술형 문제 유형은 다음과 같습니다.

> "만약에 나라면 어떻게 했을지 쓰세요." 균형, 비판

> "왜 그런 행동(말)을 했을지 쓰세요." 공감, 논리

> "다음과 같은 상황에 처했을 때 주인공은 어떻게 했을지 쓰세요." 창의, 비판

> "등장인물에게 나는 어떤 말을 해 주고 싶은지 쓰세요." 공감, 균형

> "A와 B의 비슷한(다른) 점은 무엇인지 쓰세요." 논리, 비판

글을 읽을 때 생각이 자라지만, 생각한 바를 표현할 때에도 사고력은 더 확장됩니다. 꼼꼼하게 읽고, 중간중간 내용을 확인한 후에 전체적으로 읽은 내용을 정리해 봄으로써 생각을 다듬고 넓혀 갈 수 있습니다. 한 편의 글을 통해 주인공의 입장이 되어 보기도 하고, '나라면 어땠을까?'를 생각해 보는 연습이 논술에 해당합니다. 하나의 주제를 담고 있는 글을 읽고 내용의 옳고 그름을 판단하기도 하고, 글의 전체적인 맥락을 파악함으로써 논리적이고 비판적인 사고를 할 수 있습니다.

지도팁 장문의 글을 써야 하는 논술 문제는 없지만, 자신의 생각을 마음껏 표현할 수 있게 유도해 주세요. 글로 바로 쓰는 게 어렵다면 말로 표현해 볼 수 있도록 지도해 주시기 바랍니다. 말로 표현한 것을 문장으로 다듬어 쓰다 보면, 생각한 것이 어느 정도 정리됩니다. 여러 번 연습한 후에 논리가 생기고, 표현력 또한 자라게 될 것입니다. 다소 엉뚱한 대답일지라도 나름의 논리와 생각의 과정이 건강하다면 칭찬을 아끼지 마십시오.

이렇게 활용하면 좋아요!

2학년을 위한 **3**권 / **4**권

2학년부터 본격적인 깊이 읽기를 시작합니다.
그림이나 이미지보다 글에 더 집중하여 내용을 파악하고,
해석하는 연습이 필요합니다. 긴 호흡으로 읽기에 조금
벅찰 수도 있으니 혼자 읽게 하지 말고 같이 읽어 주세요.

<u>천천히 꼼꼼하게 읽는 습관을
들이는 것이 좋습니다.</u>

🌸 공부 계획 세우기

13쪽
권별 전체 학습 계획

**주차 학습
시작 페이지**

주별 학습 확인

⌐ 한 주에 한 편씩, 5일차 학습 설계

학습자의 읽기 역량에 따라 하루에 1~2일차를 이어서 할 수도 있고, 1일차씩 끊어서 학습할 수도 있습니다.
계획한 대로 학습이 이루어졌는지 자기 점검을 꼭 해 보세요.

🌸 학년별 특강 [갈래별 글쓰기]

국어과 쓰기 학습에 필요한 '갈래별 글쓰기' 연습을 통해 표현력을 키울 수 있도록 구성하였습니다.

그림일기를 시작으로 기행문, 논설문까지 국어 교과서에서 학년별로 다루는 다양한 갈래의 개념을 설명하고, 이를 구조적으로 쉽게 풀어서 쓸 수 있는 방법을 연습합니다.

지도팁 쓰기에 취약한 친구들은 단계적으로 순서를 밟아 쓸 수 있도록 해 주세요.

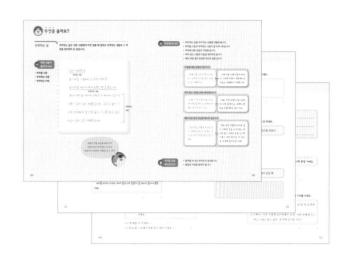

🌸 온라인 제공 [독서 노트]

길벗스쿨 홈페이지(www.gilbutschool.co.kr) 자료실에서 독서 노트를 내려받아 활용할 수 있습니다. 책을 읽고 느낀 점이나 인상 깊었던 점을 간략하게 쓰거나 그리고, 재미있었는지도 스스로 평가해 봅니다. 이 책에 제시된 글뿐만 아니라 추가로 읽은 책에 대한 독서 기록을 남길 수도 있습니다.

▶ **길벗스쿨 홈페이지**
독서 노트 내려받기

매일 조금씩 책 읽는 습관이
아이의 사고력을 키웁니다.

🌸 3단계 독서 프로그램

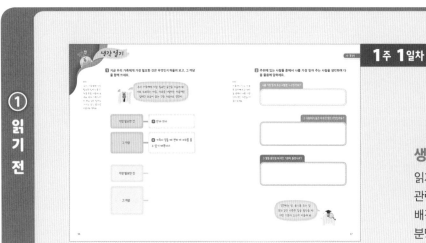

① 읽기 전

생각 열기

읽게 될 글의 그림이나 제목과
관련지어서 내용을 미리 짐작해 본다거나
배경지식을 떠올리면서 읽는 목적을
분명히 하는 활동입니다.

② 읽는 중

생각 쌓기

학습자의 읽기 역량에 따라 긴 글을
장면별로 끊어 읽기도 하고, 전후로 크게
나누어 읽어 봅니다. 부모님과 함께
소리 내어 읽어 보는 것은 어떨까요?

한 줄 톡! 은 읽은 글의 내용을 한 문장으로
요약해 보는 활동입니다.

③ 읽은 후

생각 정리

글의 내용을 한눈에 정리해 보는 활동입니다.
장면을 이야기의 흐름대로 정리해 볼 수도
있고, 주요 내용을 채워서 이야기의
흐름을 완성할 수도 있습니다.

생각 넓히기

다양한 사고력을 필요로 하는 서술·논술형
문제들입니다. 글을 읽고 생각한 바를
다양한 방법으로 표현해 볼 수 있습니다.

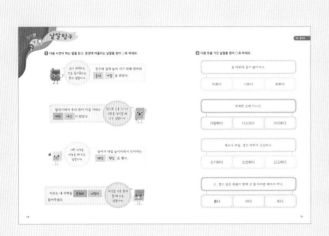

어 1주

낱말 탐구

글에 나오는 주요 어휘를
미리 공부하면서 읽기를 조금 더 수월하게
이끌어 갑니다. 뜻을 모를 때에는
가이드북을 참고하세요.

어휘력 쑥쑥!

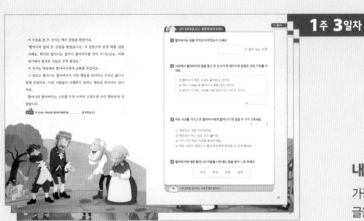

1주 3일차

독해력 척척!

내용 확인 (독해)

가장 핵심적인 독해 문제만 실었습니다.
글을 꼼꼼하게 읽었는지 확인할 수 있습니다.

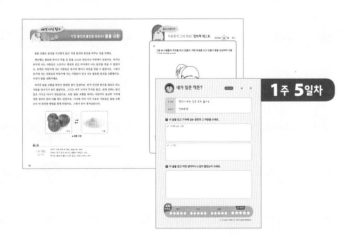

1주 5일차

표현력 뿜뿜!

배경지식 탐구 / 쉬어가기

읽은 글의 내용과 관련된 배경지식을
담았습니다. 주제와 연관된 추천 도서도
살펴볼 수 있습니다. 잠깐 쉬면서
머리를 식히는 코너도 마련했습니다.

독서 노트

읽은 책에 대한 감상평을 남겨 보세요.
별점을 매기며 종합적으로 평가해
보는 것도 좋습니다.

차례

* 한 주에 한 편씩 계획을 세워 독서 다이어리를 완성해 보세요.

자유롭게
적어 봐~

주차별	읽기 전	읽는 중		읽은 후	
글의 제목	생각 열기 낱말 탐구	생각 쌓기 내용 확인		생각 정리 생각 넓히기	독서 노트
예 ○주 글의 제목을 쓰세요.	3/3 ˙˙ 낱말이 어렵다 ㅠ-ㅠ	3/5	3/6 문제 다 맞음! ★ ★ ★	3/7	/
	/	/	/	/	/
	/	/	/	/	/
	/	/	/	/	/
	/	/	/	/	/

특강
갈 래 별 글 쓰 기

갈래 1	무엇을 쓸까요?	어떻게 쓸까요?	이렇게 써 봐요!
	/		/
갈래 2	무엇을 쓸까요?	어떻게 쓸까요?	이렇게 써 봐요!
	/		/

1주

명작 동화 인문, 사회

⭐ 독서논술계획표

➤ 공부한 날짜를 쓰고, 끝마친 단계에는 V표를 하세요.

😊 읽기 전			😊 읽는 중					😊 읽은 후		
	월	일		월	일		월	일		월	일
생각 열기	☐		생각 쌓기 1	☐		생각 쌓기 2	☐		생각 정리	☐
낱말 탐구	☐		내용 확인	☐		내용 확인	☐		생각 넓히기	☐

독서 노트   월   일

당신이 하는 일은
모두 옳아요

안데르센

※ 안데르센은 덴마크의 동화 작가로, 『인어 공주』, 『미운 오리 새끼』, 『벌거벗은 임금님』 등 수많은 동화를 지었으며, '동화의 아버지'로 불립니다.

1 지금 우리 가족에게 가장 필요한 것은 무엇인지 떠올려 보고, 그 까닭을 함께 쓰세요.

● ● ●

우리 가족에게 가장 필요한 일이나 물건, 마음 등을 떠올려 보세요. 우리 가족이 이미 하고 있는 일이나 가지고 있는 물건을 떠올려도 좋아요.

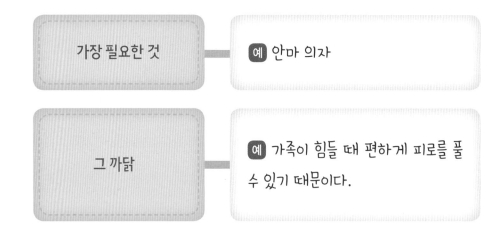

우리 가족에게 가장 필요한 물건을 떠올려 봐. 서로 도와주는 마음, 서로를 사랑하는 마음처럼 정해진 모습이 없는 것을 떠올려도 괜찮아.

가장 필요한 것

예 안마 의자

그 까닭

예 가족이 힘들 때 편하게 피로를 풀 수 있기 때문이다.

가장 필요한 것

그 까닭

2 주위에 있는 사람들 중에서 나를 가장 믿어 주는 사람을 생각하며 다음 물음에 답하세요.

• • •
가족이나 친구, 이웃 등 주위에 있는 사람들 중에서 나를 가장 믿어 주는 사람을 떠올려 보세요.

나를 가장 믿어 주는 사람은 누구인가요?

그 사람에게 들은 따뜻한 말은 무엇인가요?

그 말을 들었을 때 어떤 기분이 들었나요?

칭찬하는 말, 용기를 주는 말 등과 같은 따뜻한 말을 들었을 때 어떤 기분이 드는지 떠올려 봐.

1 다음 사전이 하는 말을 읽고, 문장에 어울리는 낱말을 찾아 ○표 하세요.

남이 부탁하는 것을 들어준다는 뜻의 낱말이야.

친구네 집에 놀러 가기 위해 엄마의
승낙　거절 을 받았다.

달리기에서 우리 반이 이길 거라는
예방　예상 이 맞았다.

앞으로 있을 일이나 상황을 짐작할 때 쓰는 낱말이야.

어떤 의견을 내놓을 때 쓰는 낱말이야.

승아가 내일 놀이터에서 모이자는
제안　책임 을 했다.

이모는 내 부탁을　흔쾌히　나란히
들어주셨다.

무엇을 기분 좋게 할 때 쓰는 낱말이야.

2 다음 뜻을 가진 낱말을 찾아 ○표 하세요.

몸 따위에 살이 많아지다.

| 이르다 | 기르다 | 오르다 |

목적한 곳에 이르다.

| 다양하다 | 다스리다 | 다다르다 |

채소나 과일, 생선 따위가 싱싱하다.

| 신기하다 | 신선하다 | 신고하다 |

소, 염소 같은 동물이 땅에 난 풀 따위를 떼어서 먹다.

| 뜯다 | 띠다 | 뜨다 |

생각 쌓기

💡 할아버지는 전 재산인 말을 무엇과 바꾸어 왔는지, 그리고 그런 할아버지를 할머니는 어떻게 생각했는지 살펴보며 읽어 보세요.

당신이 하는 일은 모두 옳아요

안데르센

옛날, 어느 마을의 작은 오두막집에 할머니와 할아버지가 살았어요.

두 사람에게는 전 재산이 말 한 마리뿐이었어요.

어느 날, 할머니가 할아버지에게 말을 가리키며 말했어요.

"영감님, 저 말을 꼭 필요한 물건과 바꾸는 게 어떨까요?"

"그럴까? 무엇과 바꾸었으면 좋겠소?"

"영감님 마음대로 하세요. 영감님이 하는 일은 모두 옳으니까요."

할아버지는 허허허 웃으며 말을 필요한 물건과 바꾸러 시장으로 향했어요.

✦**향했어요:** 어느 한쪽을 목표로 하여 나아갔어요.

할아버지는 시장에 가다가 젖소를 끌고 오는 한 청년을 만났어요.

'우리 집에 저 젖소가 있다면 날마다 맛있는 우유를 마실 수 있겠지?

그러면 할멈이 무척 좋아할 거야.'

이렇게 생각한 할아버지는 청년에게 다가가 말했어요.

"이보게. 이 젖소를 내가 가진 말과 바꾸지 않겠나?"

"저야 좋지요. 영감님의 말이 제 젖소보다 훨씬 비싸니 저에게는 좋은

일이잖아요."

이렇게 해서 할아버지는 말과 젖소를 바꾸었어요.

할아버지는 젖소를 보고 좋아할 할머니의 모습을 떠올리니 기분이 무

척 좋았어요.

할아버지는 말을 필요한 물건과 바꾸었지만 시장을 구경하고 싶었어

요. 그래서 젖소를 끌고 시장으로 갔어요.

 할아버지는 말을 ❶ .... 와 바꾸었습니다.

시장으로 가던 할아버지는 길가에서 여유롭게 풀을 뜯고 있는 염소를 보았어요.

'우리 집 근처에는 풀이 많으니까 저 염소를 키워도 좋을 것 같군.'

할아버지는 염소의 주인을 향해 큰 소리로 외쳤어요.

"혹시 내가 가진 젖소와 당신이 가진 염소를 바꾸지 않겠소?"

"정말입니까? 저야 정말 좋지요. 염소보다 젖소가 더 비싸니까 제가 손해 볼 것은 없지요. 하하하."

염소의 주인은 할아버지에게 얼른 염소를 내주었어요.

할아버지는 염소를 보고 좋아할 할머니의 모습을 떠올렸어요.

기분이 더 좋아진 할아버지는 콧노래를 불렀어요.

✦**손해:** 물질적으로나 정신적으로 밑짐.

　할아버지는 염소를 끌고 시장으로 가다가 살이 오른 거위들이 농장 앞을 뒤뚱뒤뚱 걷고 있는 것을 보았어요.

　할아버지는 거위들을 보자마자 할머니가 생각났어요.

　'할멈이 거위 고기를 무척 좋아하는데⋯⋯. 이 염소를 거위와 바꿀까?'

　할아버지가 이렇게 생각하고 있을 때 농장에서 거위의 주인으로 보이는 아주머니가 나왔어요.

　아주머니는 거위들에게 음식을 주었어요.

　"이 염소와 거위 한 마리를 바꾸지 않겠소?"

　"염소와 거위를 바꾸자고요? 거위를 비싼 염소와 바꿔 주신다니 저야 좋지요."

　아주머니는 할아버지에게 얼른 거위 한 마리를 내주었어요.

　할아버지도 할머니를 떠올리며 거위를 들고 신나게 시장으로 갔어요.

 한줄톡! 할아버지는 동물들을 바꿀 때마다 ❷ ＿＿＿＿＿＿＿＿＿＿ 를 떠올렸습니다.

시장에 거의 다다랐을 때였어요.

할아버지는 길 여기저기를 마구 뛰어다니는 닭 한 마리를 보았어요.

할아버지는 다시 생각에 잠겼어요.

'저런 닭이 있으면 매일 아침 신선한 달걀을 먹을 수 있겠구나. 그럼 할멈이 무척 좋아할 거야. 왜 그 생각을 못 했을까?'

할아버지는 닭의 주인을 찾았어요.

"이 거위와 닭을 바꾸지 않겠소?"

닭의 주인도 할아버지의 제안을 흔쾌히 승낙했어요. 할아버지가 닭을 비싼 거위와 바꾸어 준다고 하였기 때문이에요.

할아버지는 닭을 들고 시장으로 갔어요. 할아버지의 기분은 점점 좋아졌어요.

 할아버지는 닭을 보고 매일 아침 신선한 ❸ _____ 을 먹을 수 있어 좋겠다고 생각했습니다.

글의 앞부분을 읽고, 물음에 답해 보세요.

1 할아버지가 시장에 간 까닭은 무엇인지 쓰세요.

말을 꼭 [   ]과 바꾸기 위해서

2 할아버지는 닭을 가지고 가면 할머니가 왜 좋아할 거라고 생각했는지 알맞은 것의 기호를 쓰세요.

㉮ 말보다 더 비싸서
㉯ 집에 풀이 많아 키우기 쉬워서
㉰ 매일 아침 신선한 달걀을 먹을 수 있어서

3 할아버지가 바꾼 동물의 차례대로 쓰세요.

말 → 젖소 → [   ] → [   ] → 닭

4 점점 값싼 동물로 바꿀 때마다 할아버지는 어떤 마음이 들었나요? (   )

① 즐거운 마음　　　　　　② 두려운 마음
③ 화가 난 마음　　　　　　④ 실망하는 마음

⭐ 이어서 다음 글을 읽어 보세요.

드디어 시장에 도착한 할아버지는 휘파람을 불며 시장을 구경했어요.

그때 한 남자가 자루를 메고 할아버지 앞을 지나갔어요.

할아버지는 그 자루 안에 있는 물건이 무엇인지 궁금했어요.

"이보시오. 그 자루 안에 무엇이 들어 있소?"

"이 자루 안에는 돼지 먹이로 줄 썩은 사과가 들어 있습니다."

"썩은 사과지만 돼지 먹이로 주기에는 너무 아깝지 않소? 그러지 말고 이 닭과 바꿉시다."

남자는 썩은 사과를 닭과 바꾸자는 말에 깜짝 놀랐어요. 하지만 할아버지의 마음이 바뀌기 전에 얼른 할아버지에게 자루를 내밀었어요.

'할멈은 이 썩은 사과도 무척 좋아할 거야.'

할아버지는 썩은 사과가 들어 있는 자루를 보며 웃었어요.

할아버지는 자루를 메고 시장을 계속 구경했어요. 그러다가 배가 고파 식당에 들어갔어요. 그런데 할아버지 옆에서 밥을 먹고 있던 두 신사가 얼굴을 찌푸렸어요.

"냄새가 너무 ⁺고약해서 밥을 못 먹겠군."

"영감님, 이 자루 안에 무엇이 들어 있길래 고약한 냄새가 납니까?"

"자루 안에는 썩은 사과가 들어 있소."

"썩은 사과라고요?"

할아버지는 말을 바꾸러 시장에 가다가 겪었던 일을 모두 말해 주었어요.

"그럼 말 한 마리를 필요한 물건과 바꾸려고 했는데 결국 얻은 게 이 썩은 사과란 말입니까? 할머니가 썩은 사과를 보면 무척 화를 내실 거예요."

"절대로 그렇지 않을 거요. 분명 할멈은 좋아할 거야. 내가 하는 일은 무엇이든지 옳다고 하거든."

할아버지가 자신 있게 말하자 두 신사가 내기를 하자고 했어요.

"할머니가 뭐라고 대답하실지 무척 궁금하네요. 만약 할머니가 화를 내시지 않는다면 저희가 금화를 드릴게요."

두 신사는 자신들이 이길 거라고 자신하며 할아버지를 뒤쫓아 갔어요.

 두 신사는 할아버지의 말을 듣고 ❹ ＿＿＿＿＿＿＿＿ 를 하자고 하였습니다.

⁺**고약해서:** 맛, 냄새 따위가 비위에 거슬리게 나빠서.

할아버지가 집에 도착했어요.

할머니는 할아버지를 반갑게 맞아 주었어요.

"이제 오셨군요. 고생이 많았죠? 가져간 말을 무엇과 바꾸셨어요?"

"젖소와 바꿨지."

"잘하셨어요. 매일 맛있는 우유를 마실 수 있겠네요."

"그런데 그 젖소를 다시 염소와 바꿨어."

"염소도 좋아요. 추워지면 그 염소의 털로 양말도 짤 수 있잖아요."

"그런데 그 염소를 다시 거위로 바꿨소."

"내가 거위 고기를 좋아하잖아요. 참 잘하셨어요."

할머니가 박수를 치며 대답했어요.

"그런데 그 거위를 다시 어떤 농장 앞에 있던 닭과 바꿨어."

"어머나, 그럼 날마다 신선한 달걀을 먹을 수 있겠네요. 역시 영감님
은 생각이 깊어요."

"그런데 할멈, 그 닭을 썩은 사과가 든 자루와 바꿨소."

두 신사는 할머니가 어떤 대답을 하실지 무척 궁금했어요. 분명히 할머니가 크게 화를 낼 거라고 생각했지요.

두 신사는 할머니의 얼굴을 뚫어지게 바라보았어요.

하지만 두 신사의 예상과는 달리 할머니는 할아버지의 두 손을 꼭 잡고 환하게 웃으며 말했어요.

"역시 영감님이 하는 일은 모두 옳아요. 그렇지 않아도 오늘 낮에 요리를 하는데 시금치가 없지 뭐예요. 그래서 옆집에 빌리러 갔지요. 그런데 옆집 부인이 자신의 집에는 아무것도 없다며 썩은 사과 한 개도 없다고 말하는 거예요. 썩은 사과가 생겼으니 이제 옆집 부인에게 빌려줄 수 있게 됐네요."

 한줄톡! 할머니는 할아버지가 하는 일은 모두 ❺ _____ 하였습니다.

이 모습을 본 두 신사는 매우 감동을 받았어요.

"할머니의 말에 큰 감동을 받았습니다. 저 같았으면 분명 화를 냈을 거예요. 하지만 할머니는 끝까지 할아버지를 믿어 주시는군요. 비록 내기에서 졌지만 기분은 무척 좋네요."

두 신사는 약속대로 할아버지에게 금화를 주었어요.

그 뒤로도 할머니는 할아버지가 어떤 행동을 하더라도 무조건 옳다고 말해 주었어요. 다른 사람들이 이해하지 못하는 행동을 하더라도 말이에요.

할머니와 할아버지는 서로를 무척 아끼며 오래오래 아주 행복하게 살았답니다.

 한줄톡! 두 신사는 약속대로 할아버지에게 ❻ _____ 를 주었습니다.

글의 뒷부분을 읽고, 물음에 답해 보세요.

1 할아버지는 닭을 무엇과 바꾸었는지 쓰세요.

[   ] 가 들어 있는 자루

2 식당에서 할아버지의 말을 듣고 두 신사가 한 생각으로 알맞은 것의 기호를 쓰세요.

> ㉮ 할머니가 썩은 사과도 좋아하실 것이다.
> ㉯ 썩은 사과를 본 할머니가 화를 내실 것이다.
> ㉰ 할머니가 썩은 사과를 다른 물건으로 바꾸실 것이다.

✎ _____

3 썩은 사과를 가지고 온 할아버지에게 할머니가 한 말을 두 가지 고르세요.

(   )

① 영감님은 정말 어리석어요.
② 영감님이 하는 일은 모두 옳아요.
③ 어서 가서 썩은 사과를 돌려주세요.
④ 썩은 사과가 생겼으니 옆집 부인에게 빌려줄 수 있게 됐네요.

4 할아버지에 대한 할머니의 마음을 나타내는 말을 찾아 ○표 하세요.

> 의심   욕심   믿음   질투

이제 생각을 정리하고, 마음껏 펼쳐 볼까요?

생각 정리

1 『당신이 하는 일은 모두 옳아요』에서 일어난 일의 차례를 생각하며 빈칸에 알맞은 번호를 쓰세요.

①

할아버지가 말을 꼭 필요한 물건과 바꾸기 위해 시장에 갔다.

◯

할아버지는 길가에서 풀을 뜯고 있는 염소를 보고 젖소와 바꾸었다.

②

할아버지는 한 청년이 끌고 오는 젖소를 보고 자신의 말과 바꾸었다.

◯

할아버지가 농장 앞을 걷고 있는 거위를 보고 염소와 바꾸었다.

할아버지가 두 신사에게 말을 바꾸러 시장에 가다가 겪었던 일을 모두 말해 주자, 두 신사는 할아버지에게 내기를 하자고 하였다.

할아버지는 길에서 뛰어다니는 닭을 보고 자신의 거위와 바꾸었다.

할아버지는 시장에서 만난 남자의 썩은 사과와 자신의 닭을 바꾸었다.

8 할아버지가 한 일을 모두 들은 할머니는 할아버지를 믿어 주었다. 내기에서 진 두 신사는 할아버지에게 금화를 주었고, 할아버지와 할머니는 행복하게 살았다.

생각 넓히기

1 다음 인물들은 썩은 사과에 대하여 처음에 어떻게 생각했는지 정리하여 쓰세요.

할아버지와 할머니,
두 신사가 한 말을 살펴보고 썩은 사과에
대해 어떤 생각을 갖고 있었는지 정리해
보세요.

할머니와 할아버지

두 신사

2 할아버지가 말을 타고 가다가 다음 사람을 만났다면 어떤 생각을 했겠는지 쓰세요.

할아버지가 말을 타고 가다가 콩알, 옷감을 가진 사람을 만났다면 어떤 생각을 했겠는지 쓰세요.

개를 끌고 가는 사람을 만났다면?

예 저 개를 기른다면 날마다 우리 집을 지켜 주겠지? 그렇다면 할멈이 무척 좋아할지도 몰라.

콩알을 가진 사람을 만났다면?

옷감 장수를 만났다면?

3 『당신이 하는 일은 모두 옳아요』에 나오는 할머니는 할아버지를 무조건 믿어 주었어요. 이러한 할머니의 행동에 대해 어떻게 생각하는지 까닭과 함께 쓰세요.

●●●
항상 할아버지를 믿어 준 할머니에 대한 나의 생각과 그 까닭을 정리해 보세요.

4 할아버지와 할머니의 성격이 다음과 같았다면 이야기가 어떻게 되었을지 쓰세요.

• • •

할아버지와 할머니의 성격이 바뀌었다면 글의 내용이 어떻게 바뀌었을지 상상해 보세요.

할아버지가 자신만 아는 성격이었다면?

할머니가 불평이 많은 성격이었다면?

직접 물건과 물건을 바꿔요! 물물 교환

물물 교환은 물건을 사고팔지 않고 직접 물건과 물건을 바꾸는 일을 말해요.

옛날에는 필요한 옷이나 먹을 것 등을 스스로 만들거나 자연에서 얻었어요. 하지만 육지에 사는 사람들은 소금이나 생선과 같은 바다에서 나는 물건을 얻을 수 없었어요. 반대로 바닷가에 사는 사람들은 육지의 쌀이나 과일을 얻을 수 없었지요. 그래서 육지에 사는 사람들과 바닷가에 사는 사람들이 만나 서로 필요한 물건을 교환했어요. 이것이 물물 교환이에요.

하지만 물물 교환을 하면서 불편한 점이 있었어요. 먼저 자신의 물건을 필요로 하는 사람을 만나기가 쉽지 않았어요. 그리고 너무 크거나 무거운 물건, 쉽게 상하는 물건 등은 가지고 다니기 힘들었어요. 또한 물물 교환을 하려는 사람끼리 물건의 가격에 대한 생각이 달라 다툴 때도 있었어요. 이러한 여러 가지 이유로 사람들은 물물 교환보다 더 편리한 방법을 찾게 되었어요. 그래서 돈이 생겨났답니다.

사과 　　소금

▲ 물물 교환

이런 책도 있어요

강무지, 『며느리와 벼 이삭』, 한솔수북, 2009
한해숙, 『콩 한 알과 송아지』, 애플트리태일즈, 2015
한가정, 『좁쌀 한 톨로 장가든 총각』, 한국슈타이너, 2016

쉬어가기

자유롭게 그려 봐요! 창의력 테스트

[난이도 : 상 중 하]

★ 그림 속 사람들이 무엇을 하고 있을지, 어떤 표정을 짓고 있을지 등을 상상하며 다음 그림을 완성해 보세요.

•정답은 가이드북 13쪽을 확인하세요.

2주

설명문 사회, 안전

⭐ 독서논술계획표

❍ 공부한 날짜를 쓰고, 끝마친 단계에는 V표를 하세요.

읽기 전			읽는 중					읽은 후	
월	일		월	일		월	일		월	일
생각 열기	☐		생각 쌓기 1	☐		생각 쌓기 2	☐		생각 정리	☐
낱말 탐구	☐		내용 확인	☐		내용 확인	☐		생각 넓히기	☐

독서 노트   월   일

바깥 활동 안전 수첩

최옥임

1 다음 장소에서 일어날 수 있는 위험 상황을 한 가지 떠올려 쓰세요.

그림에 나타난 각각의 장소에서 일어날 수 있는 위험 상황을 생각해 보세요.

교실 의자를 앞뒤로 흔들다 가 뒤로 넘어질 수 있다.

놀이터

급식실 조심하지 않으면 뜨 거운 국물에 손을 델 수 있다.

바닷가

2 다음 표지판이 알려 주는 내용을 찾아 선으로 이으세요.

●●●

표지판은 그림, 도형 등을 이용하여 어떤 뜻을 나타내요. 각각의 표지판에는 어떤 뜻이 담겨 있는지 생각해 보세요.

관계자 외에는 드나들 수 없음을 나타낸다.

✦**응급 처치**: 갑작스러운 병이나 상처의 위급한 고비를 넘기기 위하여 임시로 하는 치료.

✦응급 처치를 받을 수 있는 곳임을 나타낸다.

사고가 났을 때 피해 나갈 수 있게 만든 문을 나타낸다.

남자 화장실과 여자 화장실을 나타낸다.

1 다음 밑줄 친 말과 바꾸어 쓸 수 있는 낱말을 찾아 ○표 하세요.

내가 생각 없이 한 말에 동생이 무척 화가 났다.

무심코   억지로

동생이 먹고 있는 솜사탕에서 달콤한 냄새가 났다.

단내   고린내

팽이가 제자리에서 빙빙 돌고 있다.

회복하고   회전하고

알림

도서관 자료실 안에서
휴대 전화 사용을 제한합니다.

자료실 안에서 휴대 전화 사용을 제한한다는 알림판이 붙었다.

금지한다는   허락한다는

2 다음 사전이 하는 말을 읽고, 문장에 어울리는 낱말을 찾아 ○표 하세요.

 많은 사람이 한곳에 모여 수선스럽게 움직이는 모양을 뜻하는 낱말이야.

가게는 손님들로 띄엄띄엄 북적북적 붐볐다.

이 물감은 검색 검증 결과 피부에 안전한 것으로 드러났다.

 검사하여 증명한다는 뜻의 낱말이야.

 타지 않는 쇠나 돌 따위를 불에 대어 뜨겁게 한다는 뜻의 낱말이야.

뜨겁게 달군 식힌 솥뚜껑에 고기를 구워 먹었다.

무리하게 편리하게

일을 하면 건강에 좋지 않다.

 도리나 이치에 맞지 않거나 정도에서 지나치게 벗어난다는 뜻의 낱말이야.

바깥 활동 안전 수첩

최옥임

놀이터에서 놀아요

바람이 살랑이는 따스한 날이에요.

아이들 소리로 놀이터가 시끌시끌해요.

아이코, 덜렁이가 그네에 부딪혀서 쾅당!

그네 가까이 지나갈 때는 조심해야 해요.

가만 보니 놀이터에 개구쟁이 친구들이 엄청 많아요.

내버려 뒀다가는 여기저기서 울음이 터지겠는걸요?

2주 2일차

놀이 기구
안전하게 타요!

❶ 시소 탈 때

시소 위에 서거나 걸어 다니지 않아요. 내릴 때에는 발등이 다치지 않게 시소 밑에 발을 놓지 않아요.

❷ 미끄럼틀 탈 때

미끄럼틀에서 다른 사람을 밀거나 당기면 안 돼요. 햇볕에 달궈진 미끄럼틀에 화상을 입을 수 있어요.

❸ 회전 놀이 기구 탈 때

타는 사람도, 미는 사람도 손잡이를 꽉 잡아요. 놀이 기구가 쌩쌩 돌아가는 상태에서 뛰어내리면 안 돼요.

❹ 그네 탈 때

떨어질 수 있으니 반드시 앉아서 타요. 그넷줄을 꼬아서 타면 손이 그넷줄에 낄 수 있어요. 그네에서 멀리 뛰어내리지 마요.

❺ 위험한 장난감 총

총알이 나오는 장난감 총은 가지고 놀지 마요. 다칠 수 있으니 동물이나 사람에게 총을 쏘면 절대로 안 돼요.

 한줄 톡! 회전 놀이 기구를 타는 사람이나 미는 사람은 모두 ❶_____를 잡아야 한다.

✦**화상:** 살갗이 불이나 뜨거운 열에 데어서 생긴 상처.

3권 **47**

백화점에 물건 사러 가요

건물 안에 들어서자 온갖 물건들이 번쩍번쩍.

덜렁이는 넋을 잃고* 여기저기 살펴보다 엘리베이터 문이 열리는 순간

무심코 손을 문에 갖다 댔어요.

"앗!"

덜렁이가 일 초만 늦게 손을 뗐어도 엘리베이터가 손을 꿀꺽!

휴, 정말 큰일 날 뻔했어요.

*넋을 잃고: 어떤 사물을 보는 데 열중하여 정신이 없고.

이동 장치는
살펴보고 이용해요!

❶ 자동문 지나갈 때

자동문이 투명해서 못 보고 부딪칠 수 있으니 조심해요. 닫히고 있을 때 무리하게 들어가지 않아요.

❷ 회전문 이용할 때

회전문이 돌아가는 속도를 잘 보고 들어가요. 회전문을 지날 때는 보호자의 손을 꼭 잡아요.

❸ 에스컬레이터 탈 때

타기 전에 운동화 끈이 풀리지 않았는지 확인하고 더 꼭 묶어요. 손잡이를 꼭 잡고, 발이 틈새에 끼지 않게 조심해요.

❹ 무빙워크 이용할 때

손잡이 밖으로 몸을 내밀지 않아요. 뛰거나 장난치지 말아요. 앞뒤에 쇼핑 카트가 있다면, 안전하게 거리를 둬요.

❺ 엘리베이터 탈 때

엘리베이터 문틈으로 쓰레기를 버리지 않아요. 문에 기대거나 발로 차면 위험해요. 엘리베이터 안에서는 절대 뛰지 않아요.

 한줄톡! 회전문을 지날 때는 ❷_____의 손을 꼭 잡는다.

✦**무빙워크**: 사람이나 화물이 자동적으로 이동되도록 만든 길 모양의 장치.

공원에서 산책해요

나들이를 나온 사람들로 공원이 북적북적해요.

덜렁이는 공원에 오면 엄마를 졸라 꼭 사 먹는

것이 있어요.

"솜사탕 하나 주세요. 히히."

덜렁이는 솜사탕을 먹는 데 정신이 팔려서 앞도 안 보고 걸어가요.

앗, 저러다 넘어져서 솜사탕 막대기에 찔리면 어쩌죠?

공원에서
놀 때 지켜요!

❶ 미세 먼지 많을 때

되도록 바깥 활동을 피하고, 꼭 나가야 할 때는 검증된 마스크를 써요. 외출 후에는 물을 많이 마셔요.

❷ 인라인스케이트 탈 때

헬멧을 쓰고 무릎 보호대와 팔꿈치 보호대를 꼭 해요. 내리막길이나 차도에서는 타지 않아요.

❸ 공놀이할 때

공은 그물망이나 손가방에 넣어 다녀야 해요. 떨어뜨린 공을 주우려다 자전거나 차에 부딪혀서 사고가 날 수도 있어요.

 한줄톡! 인라인스케이트를 탈 때는 ❸_____을 쓰고 무릎 보호대와 팔꿈치 보호대를 한다.

1 이 글을 읽고 알 수 있는 내용은 무엇인지 쓰세요.

여러 장소에서 지켜야 할 [   ] 수칙

2 덜렁이는 놀이터에서 어떤 사고를 당했나요? (   )

① 그네에 부딪혔다.　　　　② 장난감 총에 맞았다.

③ 시소 밑에 발이 꼈다.　　　④ 회전 놀이 기구에서 떨어졌다.

3 백화점에서 지켜야 할 안전 수칙으로 알맞은 것의 기호를 쓰세요.

> ㉮ 자동문이 닫히고 있을 때는 재빨리 들어간다.
> ㉯ 에스컬레이터를 탈 때는 손잡이를 잡지 않는다.
> ㉰ 무빙워크를 이용할 때는 손잡이 밖으로 몸을 내밀지 않는다.

✎ ＿＿＿＿＿＿＿＿＿

4 공원에서 지켜야 할 안전 수칙을 생각하며 빈칸에 알맞은 낱말을 쓰세요.

(1) 미세 먼지가 많을 때에는 검증된 [   ]를 쓴다.

(2) 공은 [   ]이나 손가방에 넣어 다닌다.

⭐ 이어서 다음 글을 읽어 보세요.

산과 계곡으로 가요

덜렁이가 계곡에서 수풀 탐험에 나섰어요.

'아, 예쁘다.'

꽃잎도 뜯고.

'아이, 보드라워.'

풀잎도 뜯고.

바위 위에 죽 펼쳐 놓으니 멋진 식물 전시장이 됐어요.

그런데 갑자기 팔뚝이 화끈화끈 근질근질.

에구, 풀독이 올랐나 봐요.

✦**풀독**: 풀의 독기.

산과 계곡에서
안전하게 놀아요!

❶ 산에 갈 때

긴소매의 윗도리와 긴바지를 입어야 해요.
풀독이 생기거나 가시에 찔리는 것을 막거
든요.

❷ 나물할 때

나물이나 버섯은 독 때문에 아무것이나 함
부로 먹으면 안 돼요. 열매도 확실히 아는 것
만 먹어요.

❸ 구조 요청할 때

구조 요청 신호는 전 세계
어디서나 똑같아요. 1분 동
안 짧게 6번 호루라기를 불
고 1분 쉬기를 반복해요.

❹ 과일 먹을 때

산과 계곡에서는 포도 같은
단내가 나는 과일은 되도록
먹지 마요. 단내를 맡고 벌
들이 몰려들 수 있어요.

❺ 안전 표지판

위의 표지판 외에도 다양한
안전 표지판이 있어요. 물
놀이를 금지하는 표지판이
있는 곳에는 절대 들어가지
않아요.

 구조 요청을 할 때는 1분 동안 짧게 ❹_____ 번 호루라기를 불고 1분 쉬기를 반복한다.

✦**나물할:** 나물로 먹을 수 있는 풀이나 나뭇잎을 캐거나 뜯을.

바닷가에 놀러 가요

덜렁이네 가족이 해수욕장에 피서를 왔어요.

덜렁이는 준비 운동을 하는 둥 마는 둥 바다로 뛰어들었어요.

이글이글 햇볕은 뜨거웠지만, 물속에 있으면 시원했어요.

한참 놀고 있는데 이키! 다리에 쥐가 나서 움직일 수가 없었어요.

"도와주세요. 엄마! 아빠!"

＊쥐: 몸의 어느 한 부분이 갑자기 수축하거나 떨게 되어
　　잠깐 동안 움직일 수 없게 되는 것.

물놀이
안전하게 즐겨요!

❶ 물놀이 전 준비할 때

자외선 차단제를 바르고 선글라스를 써 피부와 눈을 보호해요. 준비 운동을 충분히 하고 물에 들어가요.

❷ 구명조끼를 입을 때

내 몸에 맞는 것을 입어요. 앞의 버클을 채우고, 뒤쪽 끈도 다리 사이로 통과시켜 단단히 채워요.

소화되면 물놀이하자.

❸ 물놀이할 때

안전 ⁺부표를 넘어가지 않아요. 친구를 물에 빠뜨리거나 머리를 물속에 밀어넣는 장난은 절대로 하지 않아요.

❹ 물놀이하다 쉴 때

30분마다 한 번씩은 물 밖에서 쉬고 물을 마셔요. 입술이 파래지고 몸이 떨리면 얼른 물 밖으로 나와요.

❺ 물놀이하면 안 될 때

음식을 먹고 곧바로 물에 들어가는 것은 좋지 않아요. 피부에 상처가 있을 때는 바닷물에 들어가지 말아요.

 한줄 톡! 바닷가에서 물놀이를 하기 전에 ❺＿＿＿＿＿＿＿을 충분히 해야 한다.

⁺**부표**: 물 위에 띄워 어떤 표적으로 삼는 물건.

갯벌 체험을 해요

덜렁이는 장화를 휙 벗어 던지고 갯벌로 뛰어들었어요.

철벅철벅 발가락 사이로 진흙이 쑤욱.

얼마 걷지 않아 뭔가 뾰족한 게 발가락을 찔렀어요.

"아야! 엄마, 앙앙!"

덜렁이는 갯벌이 떠나가라 울음을 터뜨렸어요.

장화를 신으라던 엄마 말을 들을 걸 후회했지만 이미 늦었지요.

갯벌에서는
꼭 지켜야 해요!

❶ 갯벌에 들어갈 때
장갑을 끼고 장화를 신어요. 시계와 휴대 전화, 호루라기를 꼭 챙겨요. 반드시 어른과 함께 들어가요.

❷ 갯벌에서 걸을 때
한자리에 오래 있으면 발이 깊이 빠지니 걸음을 자주 옮겨요. 발끝에 힘을 주고 걸으면 그냥 걸을 때보다 잘 걸을 수 있어요.

❸ 갯벌에서 나올 때
밀물이 들어오기 30분 전에는 바다에서 나와야 해요. 밀물 시간을 휴대 전화 알람으로 맞추어 두면 편리해요.

 갯벌에 들어갈 때는 시계와 휴대 전화, ❻_____를 꼭 챙긴다.

✦밀물: 바닷물이 육지 쪽으로 밀려오는 것. 또는 그 바닷물.

글의 뒷부분을 읽고, 물음에 답해 보세요.

1 산과 계곡에서 지켜야 할 안전 수칙으로 알맞은 것을 찾아 ○표 하세요.

(1) 단내가 나는 과일을 먹는다. (   )

(2) 긴소매의 윗도리와 긴바지를 입는다. (   )

2 구명조끼를 바르게 입은 친구의 이름을 쓰세요.

🖉 _____

3 바닷가에서 안전하게 물놀이를 하지 <u>않은</u> 친구의 이름을 쓰세요.

> 연재: 준비 운동을 하고 물에 들어갔어.
>
> 민범: 안전 부표를 넘어가지 않도록 주의했어.
>
> 서후: 입술이 파래지지 않아서 바닷물 속에서 쉬지 않고 놀았어.

🖉 _____

4 덜렁이가 갯벌에서 발가락을 다친 까닭은 무엇인지 쓰세요.

를 신지 않았기 때문이다.

😊 이제 생각을 정리하고, 마음껏 펼쳐 볼까요?

생각 정리

1 『바깥 활동 안전 수첩』에서 설명한 안전 수칙을 간단히 정리해 보세요.

그네를 탈 때

반드시 [   ] 타고, 그 넷줄을 꼬지 않아요. 그리고 그네에서 멀리 뛰어내리지 않아요. 그네 가까이 지나갈 때는 조심해야 해요.

엘리베이터를 탈 때

엘리베이터 문에 손을 갖다 대지 않아요. 문틈으로 쓰레기를 버리지 않고, 문에 기대거나 [   ]로 차지 않아요. 또 엘리베이터 안에서 뛰지 않아요.

미세 먼지가 많을 때

되도록 [   ]을 피하고 꼭 나가야 할 때는 검증된 마스크를 써요. 외출 후에는 [   ]을 많이 마셔요.

산에 갈 때

를 입고, 아무것이나 함부로 먹

지 않아요.

바닷가에서 물놀이할 때

물놀이하기 전에는 준비 운동을

충분히 해요. 물놀이할 때에는 안전

부표를 넘어가지 않고 장난을 하지

않아요. 그리고 30분마다 한 번씩

.

갯벌 체험을 할 때

갯벌에 들어갈 때는 장갑을 끼고 장화

를 신고 시계, 휴대 전화, 호루라기를 챙

겨요. 　　　　　　　　　30분

전에는 바다에서 나와야 해요.

생각 넓히기

1 다음 친구에게 안전 수칙을 알려 주는 말을 쓰세요.

그림 속 친구가 지키
지 않은 안전 수칙을
생각해 보고, 올바른
안전 수칙을 설명하는
말을 써 보세요.

예 엘리베이터 문에 기대면 안
돼. 갑자기 문이 열리면 넘어질 수
있어.

인라인스케이트를 탈 때, 등산을 할 때
지켜야 하는 안전 수칙을 생각해 봐.

2 ⃠ 표시를 이용하여 다음 규칙을 알리는 표지판을 그려 보세요.

• • •

⃠는 어떤 행동을 하지 말라는 뜻을 나타내요. 주어진 규칙을 알 수 있는 안전 관련 표지판을 그려 보세요.

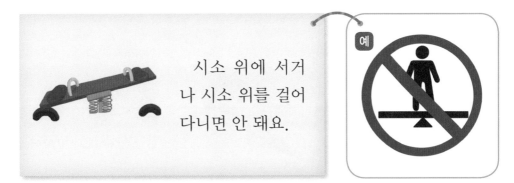

시소 위에 서거나 시소 위를 걸어 다니면 안 돼요.

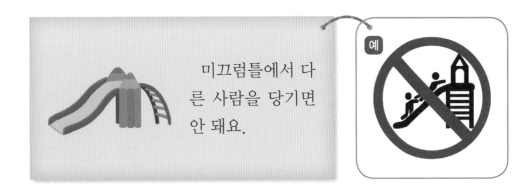

미끄럼틀에서 다른 사람을 당기면 안 돼요.

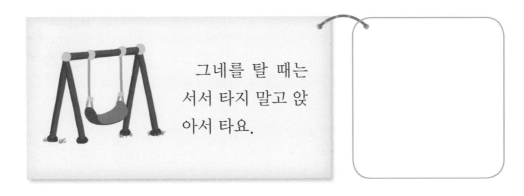

그네를 탈 때는 서서 타지 말고 앉아서 타요.

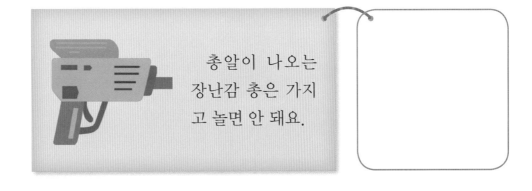

총알이 나오는 장난감 총은 가지고 놀면 안 돼요.

3 도로에서도, 학교에서도 지켜야 할 규칙이 있어요. 다음 빈칸에 친구들이 규칙을 지켜야 하는 까닭을 쓰세요.

각각의 상황과 장소에서 규칙을 지켜야 하는 까닭을 생각해 보세요.

예 친구를 다치게 할 수 있으니까 위험한 장난은 하지 말아야 해.

차가 없으니까 얼른 뛰어가자.

🖉

교통 신호는 반드시 지켜야 해.

수업 시간이지만 공부하고 싶을 때 공부하면 돼.

🖉

수업 시간과 쉬는 시간을 구분해야 해.

4 나는 평소 안전 수칙을 잘 지키고 있는지 생각해 보고, 안전 행동을 약속하는 내용을 쓰세요.

• • •
집 안이나 학교에서
지켜야 할 안전 수칙
을 떠올려 보세요.

집에서 안전하게 생활하기 위한 약속

1. 젖은 손으로 전기 기구를 만지지 않겠습니다.

2. 바닥이 미끄러워 넘어질 수 있으므로 화장실에서 뛰지 않겠습니다.

3. _____

_____

학교에서 안전하게 생활하기 위한 약속

1. 복도에서 뛰지 않겠습니다.

2. _____

_____

3. _____

_____

어린이 교통안전을 지키기 위한 노력들

어린이 보호 구역 표지판이나 스쿨존(School Zone: 어린이 보호 구역)은 유치원, 초등학교, 학원 등의 주변 도로에서 어린이 교통사고를 예방하기 위해 만들어진 거예요.

어린이는 키가 작아 운전자에게 잘 보이지 않고 상황 판단을 잘 하지 못해 교통사고를 당하기 쉬워요. 그래서 요즘에는 어린이 교통사고 예방을 위해 다양한 노력을 하고 있어요. 어떤 것들을 실천하고 있는지 살펴볼까요?

학교 앞 횡단보도가 있는 주변을 노란색으로 칠하여 어린이들이 그 공간에서 신호를 기다리게 하는 것.

초등학교 앞 횡단보도에 노란색 발자국을 그려 학생들이 그곳에서서 신호를 기다리게 하는 것.

아이들이 사용하는 가방에 덧씌우는 안전 용품으로, 운전자의 눈에 띄기 쉽게 하기 위한 것.

이런 책도 있어요

김은중, 『야외 활동을 조심해!』, 아르볼, 2016
노경실, 『학교생활 안전』, 알라딘북스, 2018
양혜원, 『왜 마음대로 하면 안 돼요?』, 좋은책어린이, 2014

자유롭게 써 봐요! **창의력 테스트**

[난이도 : 상 중 하]

✸ 봉지에 과자 이름을 쓰면 그 이름대로 이루어지는 과자가 있어요. 자신의 소원을 담아 과자 이름을 쓰고, 과자 봉지를 꾸며 보세요.

• 정답은 가이드북 13쪽을 확인하세요.

3주

✪ 독서논술계획표

◑ 공부한 날짜를 쓰고, 끝마친 단계에는 V표를 하세요.

읽기 전			읽는 중					읽은 후		
	월	일		월	일		월	일	월	일
생각 열기	☐		생각 쌓기 1	☐		생각 쌓기 2	☐		생각 정리	☐
낱말 탐구	☐		내용 확인	☐		내용 확인	☐		생각 넓히기	☐

독서 노트   월   일

이르기 대장 나최고

조성자

※ 이 글은 조성자 작가님께서 쓰신 『이르기 대장 나최고』의 일부입니다.

1 나와 내 주변에 있는 사람이 잘하거나 자주 하는 일을 떠올려 보고, 그 사람은 어떤 대장인지 쓰세요.

어떤 일을 남들보다 잘하거나 자주 하는 사람에게 '심부름 대장, 떠들기 대장'처럼 '대장'이라는 말을 붙여요. 나와 내 주변 사람들은 어떤 대장인지 떠올려 보세요.

내가 잘하거나 자주 하는 일은 ✎ ....

....

나는 ✎ .... 대장이다.

아빠가 잘하거나 자주 하는 일은 예 나와 놀아 주는 것이다. ....

우리 아빠는 예 놀아 주기 .... 대장이다.

내 친구는 웃기 대장입니다.

내 친구가 잘하거나 자주 하는 일은 ✎ ....

....

내 친구는 ✎ .... 대장이다.

2 다음 그림에서 성훈이의 기분은 어떠하겠는지 쓰세요.

시진이는 선생님께 성훈이의 잘못을 말하고 있어요. 다른 사람이 자신의 잘못을 이를 때 어떤 기분이 드는지 떠올려 보세요.

선생님, 성훈이가 필통은 안 가져오고 장난감만 가져왔어요.

시진

성훈

낱말 탐구

1 다음 빈칸에 들어갈 알맞은 낱말을 동물 쪽지에서 찾아 쓰세요.

허리가 커서 바지를 [ ] 뒤 걸었다.

추스른
동정하는

주원이는 추위에 떨고 있는 강아지를 보고 [ ] 눈빛을 보냈다.

냄비에 담긴 된장국이 [ ] 쏟을 뻔하였다.

날래서
크렁크렁해서

우리 형은 걸음이 무척 [ ] 학교에 금세 간다.

아빠는 [ ] 표정으로 신문을 한참 동안 읽으셨다.

무심한
쟁쟁한

종소리가 아직도 귀에 [ ] 것 같다.

2 다음 물음에 대한 답을 바르게 말한 친구를 찾아 ○표 하세요.

'기운이나 긴장이 풀어지다.'라는 뜻을 가진 표현은 무엇인가요?

기를 쓰다.
맥이 풀리다.

'들은 기억이 있다.'라는 뜻을 가진 표현은 무엇인가요?

귀에 익다.
귀를 기울이다.

'마음이 언짢거나 못마땅해하다.'라는 뜻을 가진 표현은 무엇인가요?

혀를 차다.
혀가 짧다.

'험악한 표정을 짓다.'라는 뜻을 가진 표현은 무엇인가요?

인상을 쓰다.
고개를 흔들다.

생각 쌓기

❶ 나최고에게 일어난 일과 나최고가 깨달은 점은 무엇인지 정리하며 읽어 보세요.

이르기 대장 나최고

조성자

아, 외롭다

반 분위기가 영 이상했다.

교실로 들어서자 아이들이 나를 보며 슬금슬금 피했다. 자기네끼리 아예 귓속말로 속닥속닥거렸다. 나와 제일 친한 유치원 때의 단짝 친구인 준철이마저도 나를 피했다. 나는 아이들을 휘휘 둘러보았다.

나와 눈이 마주치자 아이들은 아주 쌀쌀맞은 얼굴로 고개를 홱 돌려 버렸다. 나는 씨익 웃으며 내 짝 세희에게 아양을 떨었다. 무슨 일인지 알고 싶었다. 세희가 얼굴을 돌리며 기분 나쁜 투로 말했다.

"나최고, 너 정말 재수 없어. 이르기 대장 나짜증, 너랑 짝하기도 싫어!"

이번에는 소현이가 내 앞으로 다가오더니 턱을 치켜올리며 기분 나쁜 투로 말했다.

"어제 네가 선생님께 지수 공기 알이 어쩌고저쩌고 일러바쳤잖아? 아주 쩨쩨한 녀석!"

나는 그게 나와 무슨 상관이 있냐는 듯한 무심한 표정으로 소현이 얼굴을 쳐다보았다.

"네가 지수라면 얼마나 기분 나쁠지 생각해 봐라. 이 재수 없는 나최고 자식아! 넌, 이름을 바꿔라! 너최고라고!"

나는 소현이의 말에 화가 나서 주먹을 들이대며 소현이를 쫓아갔다. 그러나 소용없었다. 소현이가 잽싸게 뒤돌아서더니 어느새 내 발을 걸었다. 축구를 제법 잘하는 소현이의 발놀림은 아주 날랬다.

나는 교실 바닥에 철퍼덕 넘어졌다. 바닥에 넘어진 채로 아이들에게 도와달라는 눈빛을 보냈다. 그러나 누구 하나 나를 동정하는 눈빛으로 바라보는 아이가 없었다. 오히려 모두들 소현이를 향해 소리쳤다.

"소현아! 이참에 그녀석 버릇 좀 고쳐! 이르기 대장, 혼 좀 나 봐라!"

아, 나는 무인도에 혼자 있는 사람처럼 외로웠다.

마침 선생님이 들어오시자 아이들은 모두 제자리에 앉았다. 아무 일도 없었다는 듯이. 내 마음에는 멍 자국이 몇 개나 생겼는데도. 집에 가는 길에도 아이들의 차가운 눈총이 계속 나를 따라왔다. 아, 외롭다!

 한줄 톡! 아이들은 지수의 ❶ _____ 에 대해 선생님께 일러바친 최고에게 화를 냈다.

바보같이 나는 울었다

오늘은 내가 태어나서 처음으로 외로움을 느낀 날이다.

엄마가 나보다 누나를 더 예뻐할 때도 이렇게 외롭지는 않았다.

나는 혼자 학교 근처의 공원 의자에 앉았다. 맥이 다 풀렸다. 아이들의 차가운 눈빛이 떠올랐다.

"넌, 나최고가 아니라 너최고로 이름을 바꿔라!"

소현이의 외침이 내 귀에 쟁쟁했다.

눈물로 크렁크렁한 지수의 슬픈 눈도 떠올랐다.

집을 향해 터덜터덜 걸었다.

그때 내 뒤에서 소곤거리는 희미한 소리가 들려왔다.

"언니, 쟤, 우리 반 이르기 대장이야! 뭐든지 다 일러!"

"정말? 재수 없는 애네!"

아, 뒤이어 하는 말까지 내 귀에 정확히 잡혔다.

안 들었으면 좋을 말이었는데…….

문방구 앞을 지나는데 준철이와 경준이가 보였다. 둘은 맛있게 육포를 먹고 있었다. 순간, 내 눈이 반짝 빛났다. 어느 새 학교에서 있었던 일은 다 잊어버리고 나는 준철이에게 얼른 달려가 말했다.

"야, 맛있겠다! 나도 좀 줘라."

내 말에 경준이가 인상을 팍팍 쓰며 말했다.

"싫어! 이르기 대장에게는 주기 싫지!"

그 말을 하면서 경준이는 먹다 남은 육포 한 개를 내 앞에서 흔들며 약을 올렸다.

나는 육포를 잡으려다 화가 나서 경준이를 떠밀었다. 경준이는 땅바닥에 풀썩 주저앉자마자 용수철처럼 튕겨 일어나더니 다짜고짜 내 얼굴에 주먹을 날렸다. 준철이가 얼른 말렸지만 이미 경준이의 주먹이 내 코를 향해 뻗친 후였다.

"이 고자질쟁이가……."

그래도 경준이는 화가 안 풀렸는지 씩씩거리고 있었다.

갑자기 준철이가 소리를 질렀다.

"야, 최고야. 너 코피 난다!"

나는 얼른 손으로 코를 만졌다. 손에 끈끈한 피가 묻었다.

순간 참았던 설움이 뭉클 솟구쳤다. 오늘 학교에서 아이들에게 당했던 설움까지 화로 바뀌었다. 나는 경준이에게 달려들었다.

 한줄톡! 최고는 육포를 흔들며 약을 올린 ❷ _____ 와 싸웠다.

"야, 이 자식아!"

경준이도 나를 향해 주먹을 날렸다.

"야, 경준아, 피해! 이르기 대장이 주먹을 날리려고 해! 옆으로 피해!"

내 편을 들어줄 줄 알았던 준철이마저 경준이 편을 들었다.

게다가 준철이는 내 이름 대신 아예 '이르기 대장'이라고 불렀다.

아, 내 몸에서 힘이 쑤욱 빠져나갔다. 그때였다.

"그만두지 못해!"

귀에 익은 목소리였다.

누나가 나를 향해 뻗친 경준이의 팔을 잡으며 눈을 부라렸다. 누나를 보자 참았던 눈물이 터져 나왔다. 바보같이 나는 울고 말았다.

누나는 내 코에 휴지를 돌돌 말아 쑤셔 넣었다.

나는 누나 뒤를 따라가다 집 앞에서 누나의 팔을 붙잡고 물었다.

"혹시 누나, 엄마에게 이를 거야?"

누나가 내 얼굴을 똑바로 쳐다보며 말했다.

"야, 나최고, 고자질은 유치한 아이들이나 하는 짓이야!"

그러면서 혀까지 쯧쯧 찼다. 나는 고개를 푹 숙였다.

[*]여느 때 같으면 화를 내며 덤볐을 텐데 오늘은 누나 말이 맞는 것 같았다.

  준철이는 최고와 경준이가 싸울 때 최고를 ❸'_____'이라고 불렀다.

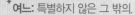

[*]여느: 특별하지 않은 그 밖의.

글의 앞부분을 읽고, 물음에 답해 보세요.

1 최고가 잘하는 것은 무엇인지 **보기** 에서 찾아 쓰세요.

> **보기**　　　　군것질　　　　뜀박질　　　　고자질　　　　장난질

✎ _____

2 다음 중 학교에서 일어난 일을 두 가지 고르세요. (　　　　　)

① 경준이와 최고가 싸웠다.
② 반 친구들이 최고를 피했다.
③ 소현이가 최고의 발을 걸어 최고가 넘어졌다.
④ 최고가 엄마에게 이를 거냐고 누나에게 물었다.

3 최고와 경준이의 싸움을 말린 사람을 찾아 ○표 하세요.

> 선생님　　　　　　준철이　　　　　　최고의 누나

4 고자질에 대한 누나의 생각으로 알맞은 것의 기호를 쓰세요.

> ㉮ 가끔 해야 하는 짓이다.
> ㉯ 유치한 아이들이나 하는 짓이다.
> ㉰ 어른이 되기 위해 반드시 해야 하는 짓이다.

✎ _____

⭐ 이어서 다음 글을 읽어 보세요.

나는 유치한 아이가 아니다

학교에 가기 싫었다.

아무것도 모르는 엄마는 학교 늦었다고 난리를 쳤다.

하기야 이르기 대장인 내가 아무 이야기를 안 했으니 학교 가기 싫은 내 마음을 엄마가 알 리 없다.

엄마에게 아무 말도 안 한 누나가 무척 고마웠다. 누나가 아주 큰 어른처럼 느껴졌다.

"피곤한가 보네. 푹 쉬어야겠구나."

엄마는 옷섶에 묻은 코피를 보고 말했다.

처음으로 엄마에게 학교에서 있었던 일을 이야기하지 않았다.

왠지 말하면 안 될 것 같았다. 누나는 벌써 학교에 가고 없었다.

시계를 보니 서두르지 않으면 늦을 것 같았다.

가방을 메고 부랴부랴 학교로 향했다.

학교 가는 길에는 아이들이 한 명도 없었다.

유치원생으로 보이는 아이 한 명이 느릿느릿 걸어가고 있을 뿐이다.

✦**옷섶**: 저고리나 두루마기 따위의 깃 아래쪽에 달린 길쭉한 헝겊.

아차, 집에서 나오기 전에 화장실에 들러 소변을 누고 왔어야 하는데 그냥 달려 나왔다. 일어날 때부터 참았는데.

아까부터 오줌보가 터질 것같이 빵빵하더니 이제는 배가 콕콕 쑤셨다. 더 이상 걷는 것도 힘이 들었다. 다리를 꼬고 있어도 소변이 나올 것 같았다.

주변을 둘러보았다. 마침 아무도 없었다.

나는 얼른 나무 뒤로 가 소변을 누었다.

아, 시원하다!

우리 반 아이들이 봤다면 분명 선생님에게 일렀을 것이다. 우리 선생님은 길에서 절대 소변을 누면 안 된다고 했기 때문이다.

아무 일도 없었다는 듯 바지춤을 추스르는데 지수와 눈이 딱 마주쳤다. 나는 화들짝 놀라 그 자리에 얼음처럼 굳어 버렸다.

"너, 혹시, 선생님한테 이를 거니?"

지수가 곰곰이 생각에 잠기더니 딱 잘라 말했다.

"생각해 보고."

 최고는 나무 뒤에서 소변을 누다가 ❹ _____를 만났다.

그 말을 한 후 지수는 빠른 걸음으로 걸어갔다. 불안했다. 하필이면 그때 지수가 내 뒤를 따라올 게 뭐람. 분명 아이들이 있나 확인했는데.

교실에 들어서자마자 선생님이 들어오셨다.

다행히 지각은 안 했지만 지수가 고자질을 할까 봐 계속 지수 눈치만 살폈다.

그날따라 수업 시간에 소변에 대해 공부했다. 우리 몸의 70퍼센트는 물이며, 소변을 누는 일은 우리 몸에 있는 나쁜 것들을 밖으로 빼내는 일이라는 것이다.

하필이면 오늘 소변 이야기를 하시다니! 나는 고개를 들 수가 없었다.

뒤를 돌아보다가 지수와 눈이 마주쳤다. 가슴이 쿵쾅 뛰었다.

아직까지 지수는 선생님께 아무 말도 안 했다.

나 같으면 벌써 손을 들고 고자질을 했을 텐데.

수업 시간이 끝날 때까지 지수는 선생님에게 아무 말도 하지 않았다.

나 역시 지수의 눈치를 보느라 고자질을 한 번도 못했다!

휴, 수업이 모두 끝나자 나는 그제야 긴 숨을 쉬었다.

드디어 해방이다!

정말 고맙게도 지수는 선생님에게 고자질하지 않았다.

그러고 보니 누나 말대로 그동안 나는 유치한 아이였나 보다.

지수는 우리 누나처럼 ⁺철이 든 아이고.

집에 돌아가는 길에 살며시 지수 뒤를 따라갔다.

소현이와 헤어져 혼자 걸어갈 때 얼른 지수 옆으로 다가갔다.

"저, 지수야."

지수가 놀란 표정으로 나를
돌아보았다.

"이거."

나는 주머니에서 돌돌 굴리
고 있었던 공기 알 다섯 개를
지수에게 내밀었다.

지수는 무슨 뜻인지 몰라
동그랗게 눈을 뜨고 내 얼굴과 공기 알을 ⁺겨끔내기로 쳐다보았다.

"너, 가져. 선물이야."

그 말을 하는데 ⁺공연히 가슴이 쿵쾅 뛰었다.

 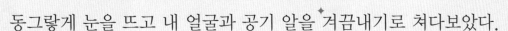한 줄 톡! 지수는 수업이 끝날 때까지 선생님에게 최고의 잘못을 ❺ _____ 하지 않았다.

⁺**철:** 사리를 분별할 수 있는 힘.
⁺**겨끔내기:** 서로 번갈아 하기.
⁺**공연히:** 아무 까닭이나 실속이 없게.

"새것이잖아?"

"응, 며칠 전에 산 건데, 너 줄게. 이 공기 알로 공기놀이하면 엄청 잘
돼!"

지수는 내 눈을 쳐다보며 물었다.

"왜 주는 건데?"

"저번에 나 때문에 선생님께 공기 알 빼앗겼잖아."

지수는 공기 알을 집으며 방긋 웃었다.

"공기 알이 따뜻하네."

지수와 헤어져 집으로 오는 발걸음이 하늘을 날 것처럼 가벼웠다.

문구점 앞을 지나는데 불량 식품을 사 먹는 경준이의 모습이 눈에 띄
었다.

'선생님께 일러야지.'

순간 나는 머리를 털었다.

왠지 고자질이 조금, 코딱지만큼 시시
하게 느껴졌다.

나는 유치한 아이가 아니다.

내 마음속에 지수를 좋아하는 마음이
싹을 내밀고 있었다. 누군가를 좋아하는
것은 어른이 되어가는 것이 아닐까?

이제 고자질과 안녕해야 할 것 같다.

 한줄톡! 최고는 집으로 돌아오면서 이제 ❻ _____ 과 안녕해야겠다고 생각했다.

글의 뒷부분을 읽고, 물음에 답해 보세요.

1 학교 가는 길에 최고가 한 일은 무엇인가요? (   )

① 화장실에 들렀다.
② 놀이터에서 놀았다.
③ 나무 뒤로 가 소변을 누었다.
④ 지수가 한 일을 선생님께 일렀다.

2 최고가 소변을 누다 지수에게 들킨 날, 고자질을 하지 <u>못한</u> 까닭으로 알맞은 것의 기호를 쓰세요.

> ㉮ 지수 눈치를 보느라고
> ㉯ 누나의 말이 자꾸 떠올라서
> ㉰ 지수가 먼저 선생님께 고자질을 해서

╱_____

3 최고가 지수에게 선물로 준 것은 무엇인지 쓰세요.

╱_____

4 지수와 헤어져 집으로 오면서 최고의 마음속에 생긴 것은 무엇인지 쓰세요.

지수를 [   ] 마음

이제 생각을 정리하고, 마음껏 펼쳐 볼까요?

생각 정리

1 『이르기 대장 나최고』에서 일어난 일의 차례를 생각하며 빈칸에 알맞은 말을 쓰세요.

선생님, 지수가 공기 알을 갖고 놀아요.

① 최고가 선생님께 [   ]을 해서 반 친구들 모두 최고를 피했다.

② 최고가 준철이와 경준이에게 육포를 달라고 했다가 경준이와 싸웠다.

③ 최고와 경준이의 싸움을 말린 최고의 누나가 고자질은 [   ]이나 하는 짓이라고 했다.

④ 최고는 학교에 가기 싫어 늑장을 부리다가 집에서 늦게 나왔다.

⑤ 최고는 학교 가는 길에 소변이 마려워
얼른 나무 뒤로 가 소변을 누다가

□□□□□.

⑥ 최고는 지수가 선생님께 자신의 잘못에 대
해 고자질을 할까 봐 불안했는데, 지수는

□□□□□.

⑦ 최고는 집에 돌아가는 길에 지수 뒤를
따라가 지수에게 공기 알 다섯 개를
선물로 주었다.

⑧ 집으로 오면서 최고는 고자질이 □□□□

느껴졌고, 마음속에 지수를 좋아하는 마음이 생겼다.

1 내가 다음 인물이라면 어떻게 행동할지 쓰세요.

내가 준철이나 경준이
였다면 어떻게 행동했
을지 생각해 보세요.

네가 선생님께 지수
공기 알이 어쩌고저쩌고
일러바쳤잖아!
아주 쩨쩨한 녀석!

최고에게 쩨쩨하다고 말한 소현이였
다면?

예 최고의 기분을 생각해서 고운
말로 최고의 잘못에 대해 잘 말해
줄 것이다.

유치원 때 단짝 친구인 준철이였다면?

✎

준철

이르기 대장에게는
주기 싫지.

최고를 약 올린 경준이였다면?

✎

----

2 지수가 선생님께 고자질하지 않는 것을 보고 최고는 어떤 깨달음을 얻었을지 쓰세요.

지수가 선생님께 최고의 잘못을 말하지 않는 것을 보고 최고는 고자질이 시시하게 느껴졌다는 것과 관련지어 생각해 보세요.

3 지수와 헤어진 최고는 경준이가 불량 식품을 사 먹는 것을 보았어요. 다음 날 최고는 어떻게 했을지 상상하여 쓰세요.

최고는 경준이의 모습을 보고 선생님께 일러야겠다는 생각을 했다가 곧 바꾸었어요

경준이가 불량 식품을 사 먹고 있네.

길벗 문구

4 최고가 지수에게 공기 알을 준 다음날 편지를 썼어요. 빈칸에 최고의 마음을 전하는 말을 정리하여 쓰세요.

지수와 최고 사이에 있었던 일을 떠올려 보고 그때 최고가 어떤 마음이 들었을지 생각해 보세요.

지수에게

지수야, 안녕? 나 최고야.

앞으로는 무조건 다른 사람의 잘못을 고자질하지 않고 그 사람

의 기분도 생각하도록 노력할게.

앞으로 더 친하게 지내자. 그럼 안녕.

20○○년 ○○월 ○○일

최고가

5 최고처럼 무조건 다른 사람의 잘못을 고자질하면 안 되지만, 때로는 해야 하는 경우도 있어요. 다음 그림처럼 어린아이가 괴롭힘을 당하는 것을 보았을 때 나라면 어떻게 하겠는지 그 까닭과 함께 쓰세요.

• • •

형이 어린 동생을 괴롭히는 행동을 윗사람에게 말해야 하는지 말아야 하는지 생각해 보고, 그렇게 생각하는 까닭을 정리해 보세요.

나라면 어떻게 할까요?

🖉 --

그 까닭은 무엇인가요?

🖉 --

낱말의 끝에 '질'이 붙은 낱말

남의 잘못이나 비밀을 일러바치는 짓을 고자질이라고 해요. 고자질은 '남의 잘못이나 비밀을 일러바치는 사람.'이란 뜻의 낱말 '고자(告者)'에 '질'이 붙은 낱말이에요.

'질'은 좋지 않은 행위를 낮추어 말할 때 덧붙여 쓰는 말이에요. '고자질'처럼 낱말의 끝에 '질'이 붙은 낱말에는 어떤 것이 있는지 더 알아보아요.

싸움질

도둑질

삿대질

장난질

이밖에도 낱말의 끝에 '질'이 붙은 낱말에는 '강도질, 노략질' 등이 있어요.

이런 책도
있어요

김해우, 『정직맨과 고자질맨』, 비룡소, 2012
박현숙, 『고자질 대왕 오공수』, 채우리, 2010
크리스티안 존스, 『언제 고자질해도 돼?』, 책과콩나무, 2018

두 눈을 크게 떠요! 집중력 테스트

[난이도 : 상 　 중 　 하]

★ 목장에 양이 있어요.
　 양이 모두 몇 마리 있는지 세어 보고 빈칸에 알맞은 숫자를 쓰세요.

마리

• 정답은 가이드북 13쪽을 확인하세요.

4주

관찰 기록문 과학, 기술

✪ 독서논술계획표

❯ 공부한 날짜를 쓰고, 끝마친 단계에는 V표를 하세요.

읽기 전			읽는 중					읽은 후		
	월	일		월	일		월	일	월	일
생각 열기	☐		생각 쌓기 1	☐		생각 쌓기 2	☐		생각 정리	☐
낱말 탐구	☐		내용 확인	☐		내용 확인	☐		생각 넓히기	☐

독서 노트	월	일

우리 땅 곤충 관찰기
(신기한 능력을 가진 곤충들)

정부희

생각 열기

1 다음 다섯 고개 놀이의 답을 쓰세요.

다섯 번 물어보고, 그에 대한 대답을 통해 답을 알아맞히는 놀이를 '다섯 고개 놀이'라고 해요. 질문과 대답을 살펴보고, 무엇에 대한 설명인지 생각해 보세요.

질문	대답

첫째 고개

식물인가요? 아니요, 곤충입니다.

둘째 고개

이름은 몇 글자인가요? 두 글자입니다.

셋째 고개

땅을 기어 다니나요? 아니요, 주로 나무에 붙어 있지만 날아다니기도 합니다.

넷째 고개

어느 계절에 볼 수 있나요? 여름에 볼 수 있습니다.

다섯째 고개

울음소리는 어떤가요? 맴맴맴 웁니다.

정답은 [   ] 입니다.

2 다음 곤충이 자기를 소개하는 말을 읽고, 어떤 재주를 가지고 있을지 상상하여 쓰세요.

• • •
'스케이트 선수, 땅 파기의 천재'라는 말을 통해 곤충의 재주를 짐작해 보세요.

나는 진홍색방아벌레야. 체조 선수지. 적을 만나면 공중으로 튀어 올라 돌면서 땅으로 내려올 수 있어.

나는 소금쟁이야. 스케이트 선수지.

✐

내 이름은 땅강아지야. 땅 파기의 천재지.

✐

----

1 다음 그림을 보고, 문장에 어울리는 낱말을 골라 ○표 하세요.

할머니께서는 평생 고생 아껴 쓰며 사셨다.

문제를 풀 최근 최적 의 방법을 생각했다.

소매 언저리 동아리 에 물감이 묻었다.

형은 몸집이 우거져서 우람해서 운동선수 같다는 말을 자주 듣는다.

2 다음 뜻을 가진 낱말을 찾아 ○표 하세요.

조그만 빈틈이나 잘못이 전혀 없을 만큼 엄격하고 세밀하게.

| 엄밀히 | 당당히 | 신속히 |

바쁘거나 급한 일이 없어 편안하고 여유 있다.

| 흥미롭다 | 까다롭다 | 한가롭다 |

얼마쯤씩 있다가 가끔.

| 흔히 | 항상 | 이따금 |

더욱 심하다 못하여 나중에는.

| 마음껏 | 심지어 | 막연히 |

생각 쌓기

❶ 글쓴이가 관찰한 여름 곤충과 그 곤충이 가진 특별한 능력을 정리하며 읽어 보세요.

우리 땅 곤충 관찰기
(신기한 능력을 가진 곤충들)

정부희

빙글빙글 피겨 스케이팅 선수, 왕물맴이

▲ 왕물맴이

6월 말이에요. 강원도 횡성에 왔어요. 천천히 연못가를 걷다가 쨍쨍 내리쬐는 햇볕을 피해 나무 그늘에 들어가 앉았어요.

잠시 쉬고 있는데 웬 딱정벌레가 연못 위를 미끄러지듯 달려와요. 그러더니 한 구석에서 빙글빙글 돌며 춤을 추어요. 얼마나 잘 도는지 마치 피겨 스케이팅 여왕 김연아 선수를 보는 것 같아요. 마치 음악에 맞춰

아름다운 연기를 하는 것 같네요. 물 위를 ⁺누비며 열정적으로 춤추는 녀석은 바로 왕물맴이예요.

'물맴이'는 말 그대로 물 위에서 맴맴 돈다고 해서 붙여진 이름이에요. 물맴이들은 틈만 나면 떼를 지어 아주 빠르게 물 위를 빙글빙글 돌지요.

⁺누비며: 여기저기 마음껏 돌아다니며.

 물맴이는 평생을 물에서 살아요. 알에서 애벌레, 번데기, 어른벌레까지 모든 시절을 물에서 보내는데, 애벌레는 물 밑바닥에서 살고 어른벌레는 물 위에서 살아요. 물맴이 종류 가운데 가장 몸집이 큰 녀석은 왕물맴이예요. 녀석은 몸길이가 10밀리미터 정도로 맨눈으로도 잘 보여요.

 때마침 왕물맴이 한 마리가 연못 가장자리로 휘리릭 미끄럼 타듯 달려와 뱅글뱅글 돌기 시작해요. 얼마나 빨리 도는지 도는 횟수를 셀 수 없어요. 제자리에서 뱅뱅 돌다가, 왼쪽으로 돌다가, 오른쪽으로 돌다가, ⁺지그재그로 왔다 갔다 하며 돌다가, 직선으로 달려갔다가 갑자기 방향을 바꿔 헤엄쳐요. 잠시 후 또 다른 녀석이 어디선가 다가와 먼저 온 녀석과 함께 물 위를 맴맴 돌아요.

 물맴이 종류 가운데 가장 몸집이 큰 것은 ❶_____입니다.

⁺**지그재그:** 줄이 곧바르지 않고 왼쪽과 오른쪽으로 들쭉날쭉한 모양.

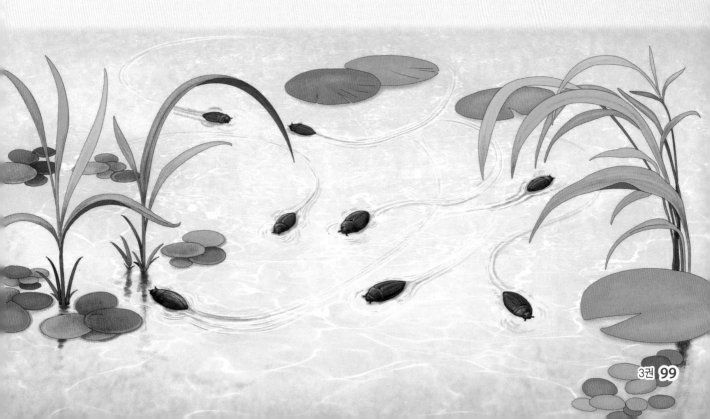

▲ 왕물맴이의 다리

▲ 쉬고 있는 왕물맴이들

왕물맴이의 다리는 참 재미있게 생겼어요. 녀석을 뒤집어 보면 앞다리는 길쭉하고 가운뎃다리와 뒷다리는 그 절반밖에 되지 않을 정도로 엄청 짧다는 걸 알 수 있어요.

길쭉한 앞다리는 먹잇감을 끌어안기에 ⁺안성맞춤이에요. 짧은 가운뎃다리와 뒷다리는 왕물맴이가 물 위에서 폭발적인 속력을 내며 빙글빙글 춤출 수 있게 해 줘요. 녀석은 가운뎃다리와 뒷다리를 1초에 60번 정도 재빨리 돌려 저으면서 헤엄을 쳐요. 짧고 납작한 다리가 배를 나아가게 할 때 쓰는 도구인 '노' 역할을 하는 거지요. 빙그르르 돌며 헤엄을 치기에 최적의 신체 조건이에요.

물방개는 뒷다리 한 쌍으로만 헤엄치지만, 왕물맴이는 가운뎃다리와 뒷다리 두 쌍으로 헤엄치기 때문에 만약 물방개와 왕물맴이가 대결을 한다면 왕물맴이가 가볍게 이길 거예요.

 왕물맴이는 가운뎃다리와 ❷ _____ 두 쌍으로 헤엄을 칩니다.

⁺**안성맞춤:** 일부러 맞춘 것처럼 딱 알맞은 물건. 또는 딱 알맞은 경우.

탁월한 *배영 선수, 송장헤엄치게

　7월, 연못에는 *노랑어리연꽃이 끝없이 펼쳐져 있어요. 물속에는 송사리 떼가 한가롭게 헤엄치고, 아기 물자라는 물풀 틈에 숨어 있어요. 한낮의 연못은 평화롭기만 해요. 바로 그때예요.

　웬 시커먼 곤충이 물살을 가르며 나타나네요. 녀석은 몸을 발라당 뒤집은 채, 물 위에 누워 *유유자적 헤엄쳐요.

　죽어서 뒤집힌 줄 알았는데 그게 아니었어요. 누운 채로 엄청난 배영 실력을 뽐내는 곤충!

　이름도 무시무시한 송장헤엄치게예요.

*탁월한: 남보다 두드러지게 뛰어난.
*배영: 위를 향하여 반듯이 누워 양팔을 번갈아 회전하여 물을 밀치면서 두 발로 물장구를 치는 수영법.
*노랑어리연꽃: 7~8월에 노란 꽃이 꽃줄기 끝에 피는 식물로, 둥근 잎만 물 위에 떠 있음.
*유유자적: 아무것도 얽매이지 않고 자유롭게 사는 것.

송장헤엄치게는 볼수록 특이하게 생겼어요. 토끼처럼 붉은 눈은 툭 튀어나오고, 주둥이는 뾰족하고 몸매는 날렵해서 마치 외계인처럼 생겼어요.

볼록한 등은 물 바닥 쪽을 향하고 납작한 배는 하늘을 보고 있어요. 녀석은 그 상태로 기다란 뒷다리를 휘적휘적 저으며 헤엄쳐요. 한 번 저어서 약 10센티미터를 나아간다니 배영 실력이 정말 굉장하지요.

앞다리와 가운뎃다리는 짧지만 적당히 휘어져 있어 먹잇감을 낚아채기 좋아요. 또 침 같은 가시털과 발톱까지 나 있어 사냥에 유리해요.

송장헤엄치게는 송사리, 올챙이, 물자라, 잠자리 애벌레, 실잠자리 애벌레 등 물속에 사는 녀석들을 잡아먹어요. 길고 뾰족한 주둥이를 보통 때는 배 쪽에 딱 붙이고 있다가 먹잇감을 잡으면 밖으로 빼내 먹잇감 속에 푹 찔러 넣어요. 송장헤엄치게는 배가 고프면 자신의 가족도 잡아먹어요.

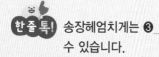 송장헤엄치게는 ❸ _____ 와 가운뎃다리가 적당히 휘어져 있어 먹잇감을 잘 낚아챌 수 있습니다.

▲ 송사리를 잡아먹는 송장헤엄치게

1 무엇에 대해 설명하는 글인지 알맞은 것에 ○표 하세요.

(1) 신기한 능력을 가진 곤충들 ( )

(2) 우리에게 도움을 주는 곤충들 ( )

2 물맴이에 대한 설명으로 알맞은 것의 기호를 쓰세요.

⑦ 한 방향으로만 돈다.

④ 물 위에서 맴맴 돈다고 해서 붙여진 이름이다.

④ 애벌레는 물에서 살고 어른벌레는 땅에서 산다.

✎ _____

3 왕물맴이와 송장헤엄치게의 능력을 바르게 말한 것을 찾아 ○표 하세요.

(1) 왕물맴이는 물 위를 돌면서 헤엄친다. ( )

(2) 송장헤엄치게는 잠수를 오래 할 수 있다. ( )

4 다음은 송장헤엄치게의 무엇에 대해 설명한 것인가요? ( )

토끼처럼 붉은 눈은 툭 튀어나오고, 주둥이는 뾰족하고 몸매는 날렵해서 마치 외계인처럼 생겼어요.

① 먹이 　　　　② 크기

③ 생김새 　　　④ 사는 곳

❂ 이어서 다음 글을 읽어 보세요.

무시무시한 뿔로 싸움 실력을 뽐내는 넓적사슴벌레

8월, 한여름이에요. 선운사라는 아름다운 절
이 있는 전라도 선운산에 왔어요. 밤 곤충을 관
찰하러 어두운 산길을 올라가요. 이따금 숲 언
저리에서 늦반딧불이가 반짝반짝 불빛 그림을
그리며 황홀하게 날아다녀요.

▲ 넓적사슴벌레 수컷

그때예요. 갑자기 뭔가 부웅 소리를 내며 날
다 바닥에 툭 떨어져요. 손전등을 비추어 보니
넓적사슴벌레가 바닥에 납작 엎드려 있네요. 우람한 뿔을 달고 있는 걸
보니 녀석은 수컷인가 봐요. 훤칠하게 쭉 뻗은 뿔이 곤충 세계의 으뜸
싸움꾼임을 당당히 드러내요.

✦**황홀하게:** 눈이 부실 만큼 환하고 아름답게.

뭐니 뭐니 해도 넓적사슴벌레 수컷의 능력은 '뿔'에 있어요. 엄밀히 말하면 뿔이 아니라 주둥이의 일부인 큰턱이에요. 녀석은 먹이를 큰턱으로 씹어 먹지 않고 나무즙을 빨아 먹고 살기 때문에 큰턱이 필요 없어요. 그래서 큰턱이 사슴뿔처럼 크고 길게 늘어나게 되었지요. 뿔은 다

른 수컷과 힘겨루기를 할 때 쓰는 무기로 제 몸 길이의 절반도 넘어요. 수컷의 모습은 마치 싸움터에 나가는 용맹한 장수 같아요.

넓적사슴벌레 암컷은 수컷에 비하면 뿔(큰턱)이 무척 작아요. 그래서 비교적 순해 보이지요.

▲ 넓적사슴벌레 암컷

한줄톡! 넓적사슴벌레의 암컷은 수컷에 비해 ❹ _____ 이 작습니다.

드넓은 서해 바다를 건너오는 된장잠자리

8월, 장마가 끝나고 나니 날마다 뙤약볕이 쏟아져요.

태안반도에 있는 안면도라는 섬의 한 해수욕장에 왔어요.

고개를 들어 하늘을 보니 잠자리들이 떼를 지어 공중을 날고 있네요.

어머나! 수백 마리도 넘는 잠자리들이 바닷바람을 맞으며 날고 있어요. 이리도 많은 잠자리들이 웬일로 바닷가에 나타났을까? 녀석들을 열심히 쫓아가 봤어요. 드디어 한 마리가 해당화 줄기에 앉았어요. 가까이 가 보니 장거리 비행사, 된장잠자리네요.

된장잠자리는 말 그대로 몸 색깔이 된장처럼 누리끼리해서 붙여진 이름이에요. 이름에는 된장이 들어가지만 우리나라 토종 곤충은 아니에요.

녀석들은 장마가 끝날 무렵에 동남아시아 같은 열대 지방에서 바람을 타고 우리나라로 날아오지요. 이렇게 먼 길을 비행하니 지치기도 할 거예요. 녀석들은 저녁이 되면 피곤을 씻기 위해 나뭇가지나 풀 줄기에 앉아 죽은 듯이 잠을 자요. 강원도 산속에서 내가 본 한 녀석은 밤새 기온이 떨어진 탓에 날개에 서리를 맞기도 했어요.

▲ 된장잠자리

 된장잠자리는 장마가 끝날 무렵에 ❺ _____ 지방에서 바람을 타고 우리나라로 날아옵니다.

✦**해당화:** 바닷가 모래땅이나 산기슭에서 나고 피는 붉은 자주색 꽃.

✦**토종:** 본디부터 그곳에서 나는 종자.

✦**서리:** 기온이 영하로 내려갈 때 공기 속에 있는 수증기가 땅 위나 물체에 닿아 눈가루같이 얼어붙은 것.

된장잠자리는 우리나라의 도시, 시골, 산, 들, 바닷가 할 것 없이 여기저기에서 수십 마리 이상 떼를 지어 다녀요. 심지어 비가 오는 날에도 날아다니니 비행 능력 하나는 가히 최고라 할 수 있어요.

된장잠자리가 비행을 잘하는 데는 그만한 이유가 있어요. 녀석의 날개는 몸통에 비해 무척 큰데, 앞날개보다 뒷날개가 더 크지요. 또 가슴 속에는 공기를 보관하는 커다란 공기주머니가 있어 비행할 때 몸을 가볍게 해 줘요.

어떤 된장잠자리는 우리나라와 일본을 거쳐 태평양을 건너기도 한다니 정말 대단하지요. 그 작은 몸으로 망망대해를 건너다니! 거리로 따지면 수천 킬로미터를 날아가는 것이니 비행 능력으로 치면 철새 못지않아요. 실제로 한 연구 결과에 의하면 어떤 된장잠자리는 1,000미터 높이로 1만 8천 킬로미터를 날아서 이동했대요.

곤충들이 마라톤 대회를 열면 된장잠자리가 일 등을 차지할 거예요.

한줄 톡! 된장잠자리의 가슴 속에는 공기를 보관하는 ❻ _____ 가 있습니다.

✦**망망대해:** 한없이 크고 넓은 바다.
✦**철새:** 계절을 따라 이리저리 옮겨 다니며 사는 새.

글의 뒷부분을 읽고, 물음에 답해 보세요.

1 다음 중에서 곤충 세계의 으뜸 싸움꾼을 찾아 ○표 하세요.

> 왕물맴이   된장잠자리   넓적사슴벌레

2 넓적사슴벌레 수컷이 싸울 때 이용하는 무기는 무엇인지 두 글자로 쓰세요.

3 된장잠자리의 능력은 무엇인가요? (   )

① 몸 색깔을 바꿀 수 있다.
② 먼 거리를 날아갈 수 있다.
③ 빠른 속도로 날아갈 수 있다.
④ 멀리 있는 먹이도 볼 수 있다.

4 된장잠자리에 대해 바르게 말한 친구의 이름을 쓰세요.

> 연우: 우리나라 토종 곤충이야.
> 주혁: 앞날개보다 뒷날개가 더 커.
> 지훈: 산이나 바다에서만 볼 수 있어.

 이제 생각을 정리하고, 마음껏 펼쳐 볼까요?

1 『우리 땅 곤충 관찰기』에서 글쓴이가 본 곤충의 특징을 생각하며 빈칸에 알맞은 말을 쓰세요.

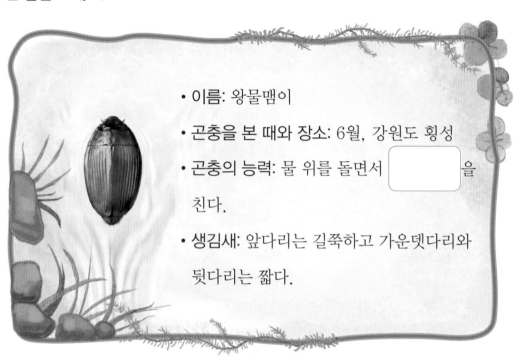

- 이름: 왕물맴이
- 곤충을 본 때와 장소: 6월, 강원도 횡성
- 곤충의 능력: 물 위를 돌면서 ☐ 을 친다.
- 생김새: 앞다리는 길쭉하고 가운뎃다리와 뒷다리는 짧다.

- 이름: 송장헤엄치게
- 곤충을 본 때: 7월
- 곤충의 능력: 등은 물 바닥 쪽을 향하고, 배는 ☐ 을 보는 자세로 헤엄을 친다.
- 생김새: 붉고 튀어나온 눈, 뾰족한 주둥이, 날렵한 몸매를 가지고 있다. 등은 볼록하지만 배는 납작하다. 앞다리와 가운뎃다리는 짧고 ☐ 는 길다.

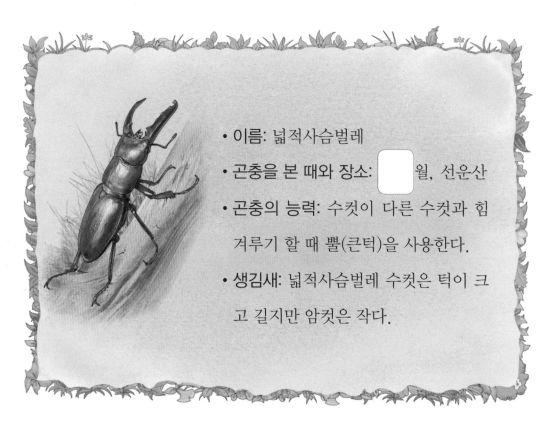

- 이름: 넓적사슴벌레
- 곤충을 본 때와 장소: ☐월, 선운산
- 곤충의 능력: 수컷이 다른 수컷과 힘 겨루기 할 때 뿔(큰턱)을 사용한다.
- 생김새: 넓적사슴벌레 수컷은 턱이 크고 길지만 암컷은 작다.

- 이름: 된장잠자리
- 곤충을 본 때와 장소: 8월, ☐
- 곤충의 능력: ✎ -----------------------------

- 생김새: 몸 색깔이 누리끼리하고 몸통에 비해 ☐가 무척 크다.

1 왕물맴이와 송장헤엄치게의 다른 점을 정리하여 쓰세요.

왕물맴이와 송장헤엄
치게의 별명, 헤엄치
는 모습과 다리의 생
김새를 정리해 보세
요.

왕물맴이

송장헤엄치게

	왕물맴이	송장헤엄치게
별명		배영 선수
헤엄치는 모습	제자리에서 뱅뱅 돌거나 방향을 바꿔 가면서 물 위를 빙글빙글 돈다.	
다리의 생김새		앞다리와 가운뎃다리는 짧지만 휘어져 있고 가시털과 발톱이 나 있다. 뒷다리는 길다.

나와 왕물맴이는
헤엄치는 모습이 다르지.
그래서 별명도 달라.

나와 송장헤엄치게의
다리 길이가 어떻게 다른지
정리해 봐.

2 이 글을 읽고 넓적사슴벌레에 대한 안내판을 만들었습니다. 빈칸에 알맞은 말을 쓰세요.

● ● ●
넓적사슴벌레의 먹이,
수컷의 생김새를 정리
하여 써 보세요.

- **이름:** 넓적사슴벌레

- **먹이:** ✎ --------------------------------

- **색깔:** 검정색

- **생김새:** 암컷은 뿔이라고 불리는 큰턱이 작지만, 수컷은

  ✎ --

  ----

3 넓적사슴벌레의 암컷은 수컷에 비해 뿔이 작습니다. 넓적사슴벌레의 암컷이 짧고 작은 뿔로 무엇을 할 수 있을지 상상하여 쓰세요.

● ● ●
넓적사슴벌레 암컷이
날카롭고 뾰족한 뿔로
무엇을 할 수 있을지
상상해 보세요.

내 뿔은 작지만
날카롭고 뾰족해.

4 다음은 강원도 산속에서 쉬고 있던 된장잠자리와 메뚜기가 나눈 대화입니다. 빈칸에 알맞은 말을 쓰세요.

•••

'된장잠자리'라는 이름이 붙은 까닭, 된장잠자리가 먼 거리를 비행할 수 있는 까닭을 정리해 보세요.

> 난 된장잠자리라고 해. 저 멀리 동남아시아에서 왔단다.

> 난 메뚜기야. 네 이름 참 재미있구나.

> 그래? 내 이름이 된장잠자리인 까닭은 ✎ _____
>
> _____

> 그렇구나. 그런데 동남아시아면 아주 먼 곳이잖아? 어떻게 그렇게 먼 거리를 날 수 있어?

> 그 이유는 날개가 ✎ _____
>
> _____
>
> 또 가슴 속에는 ✎ _____
> 비행할 때 몸이 무척 가벼워지기 때문이야.

> 네 비행 실력은 정말 대단하구나. 장거리 비행사야, 푹 쉬어.

> 내가 장거리 비행사라고? 하하하!

5 우리 주변에서 신기한 능력을 가진 곤충을 찾아보고, 그 곤충이 어떤 능력을 가지고 있는지 쓰세요.

••• 백과사전이나 곤충과 관련된 책, 인터넷 등에서 신기한 능력을 가진 곤충을 찾아 보세요.

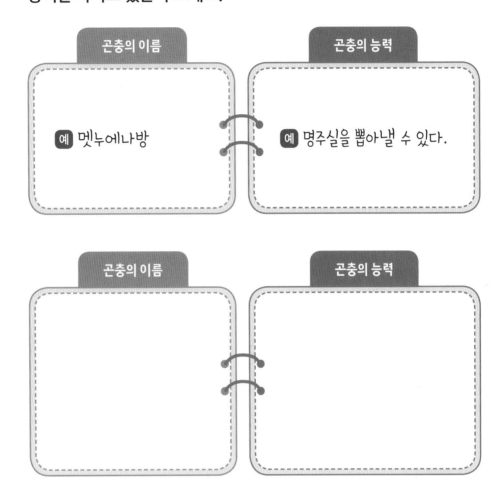

곤충의 이름	곤충의 능력
예 멧누에나방	예 명주실을 뽑아낼 수 있다.

곤충의 이름	곤충의 능력

무시무시한 뿔로 싸움 실력을 뽐내는 넓적사슴벌레, 탁월한 배영 실력을 지닌 송장헤엄치게처럼 신기한 능력을 가진 곤충을 조사해서 정리해 봐.

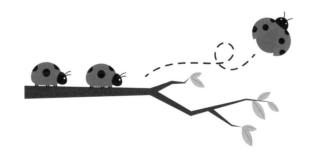

다양한 방법으로 자신을 보호하는 곤충들

곤충은 머리, 가슴, 배 세 부분으로 나뉘고, 다리가 6개인 동물을 말해요. 곤충은 종류가 무척 많아서 지금까지 알려진 것만 해도 약 100만[*]종이 넘는다고 해요.

곤충은 대부분 다른 동물의 먹이가 돼요. 그래서 곤충마다 다양한 방법으로 자신을 보호해요.

먼저, 나뭇잎나비나 꽃사마귀, 방아깨비처럼 자신의 몸을 주변과 비슷한 색으로 바꾸는 곤충이 있어요. 이렇게 바꾼 몸의 색깔을 '보호색'이라고 해요. 보호색으로 적이 알아채지 못하게 자기 몸을 지키는 거지요. 반대로 무당벌레나 무당개구리처럼 눈에 띄는 화려한 색깔이나 모양을 지닌 곤충이 있어요. 이러한 곤충의 몸 색깔을 '경계색'이라고 해

▲ 보호색으로 자신을 보호하는 방아깨비

요. 경계색을 가진 곤충들은 주로 독이나 나쁜 맛을 가진 경우가 많아요.

메뚜기나 빈대처럼 적이 나타나면 펄쩍 뛰어 도망가는 곤충도 있어요. 이밖에도 올빼미나비처럼 자신의 몸을 무섭게 보이는 곤충도 있고, 노린재처럼 고약한 냄새를 뿜어내는 곤충도 있어요.

▲ 올빼미나비

[*]종: 종류.

이런 책도 있어요

조복성, 『조복성 곤충기』, 뜨인돌, 2011
권혁도, 『곤충 나들이도감』, 보리, 2016
정부희, 『사계절 우리 숲에서 만나는 곤충』, 지성사, 2015

재미로 보는 **심리 테스트**

[적중률 : 상 중 하]

★ 내가 정글에 사는 동물이 된다면 어떤 동물이 되고 싶은지 ○표 하세요.

① 얼룩말

② 호랑이

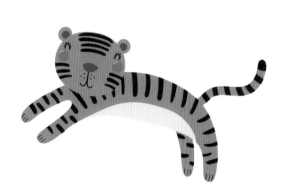

③ 기린

④ 코끼리

● 결과는 가이드북 **13쪽**을 확인하세요.

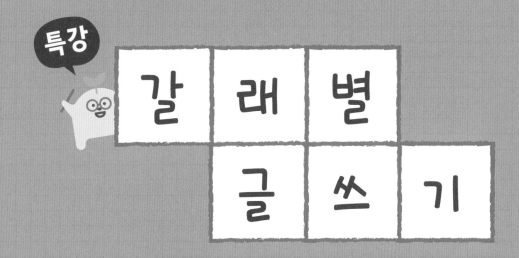

특강

갈래별 글쓰기

무	엇	을		쓸	까	요	?								
						어	떻	게		쓸	까	요	?		
			이	렇	게		써		봐	요	!				

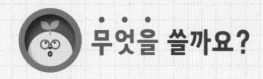

무엇을 쓸까요?

부탁하는 글

부탁하는 글은 다른 사람에게 어떤 일을 해 달라고 부탁하는 내용과 그 까닭을 정리하여 쓴 글입니다.

 어떤 내용이 들어가나요?

- 부탁할 사람
- 부탁하는 내용
- 부탁하는 까닭

주민 여러분께
부탁할 사람

놀이터를 이용하시는 주민 여러분!

놀이터를 깨끗하게 사용했으면 좋겠습니다.
부탁하는 내용

왜냐하면 놀이터에 쓰레기가 버려져 있으면

기분이 좋지 않기 때문입니다. 그리고 놀이 기

구가 더러워져 있으면 놀이 기구를 타고 싶은

마음이 들지 않기 때문입니다.

부탁하는 까닭

부탁한 일을 하였을 때와 하지 않았을 때 어떤 마음이 드는지 비교하면 부탁하는 까닭을 쓸 수 있어.

 **어떻게 쓰나요?**

- 부탁하는 글을 써야 하는 상황을 떠올려 봅니다.
- 부탁할 사람과 부탁하는 내용이 잘 드러나게 씁니다.
- 부탁에 대한 알맞은 까닭을 씁니다.
- 부탁 받는 사람의 마음을 헤아리며 씁니다.
- 예의 바른 말과 공손한 태도로 글을 씁니다.

부탁에 대한 알맞은 까닭 쓰기

> 쓰레기를 쓰레기통에 버리자. 그러면 친구를 많이 사귈 수 있기 때문이다.

⟶

> 쓰레기를 쓰레기통에 버리자. 그러면 주변이 깨끗해지고 마음도 상쾌해지기 때문이다.

부탁 받는 사람의 마음 헤아리며 쓰기

> 아빠, 이번 주말에 놀이공원에 가면 좋겠어요. 바쁘시더라도 무조건 같이 가요.

⟶

> 아빠, 이번 주말에 놀이공원에 가면 좋겠어요. 바쁘시면 다음 주말에라도 같이 가요.

예의 바른 말과 공손한 태도로 글을 쓰기

> 엄마, 생일 선물로 귀여운 곰이 그려진 옷을 사 주세요. 안 사 주시면 엄마랑 말 안 할 거예요.

⟶

> 엄마, 생일 선물로 귀여운 곰이 그려진 옷을 사 주세요. 귀여운 곰이 그려진 옷을 입으면 기분이 무척 좋아질 것 같아요. 제 부탁 들어주실 거죠?

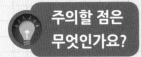 **주의할 점은 무엇인가요?**

- 들어줄 수 있는 부탁인지 생각합니다.
- 알맞은 까닭을 들어야 합니다.

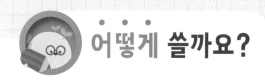

어떻게 쓸까요?

1 다음 그림에서 동하는 누구에게 부탁하는 글을 쓰려고 하는지 쓰세요.

반 친구들에게 질서를
잘 지키자고
부탁하는 글을 써야겠어.

동하

(   )

2 채원이는 누구에게 부탁하는 글을 쓰면 좋을지 ○표 하세요.

집에서 강아지를 키우자고
부탁드려 볼까?

채원

짝   선생님   부모님

3 다음은 부탁하는 글의 일부입니다. 부탁할 사람은 누구일지 쓰세요.

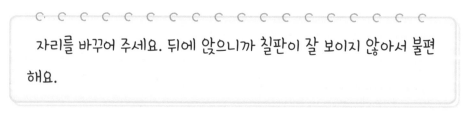

자리를 바꾸어 주세요. 뒤에 앉으니까 칠판이 잘 보이지 않아서 불편
해요.

(   )

4 다음 중 부탁하는 내용이 잘 드러난 것의 기호를 쓰세요.

> ㉮ 학원을 줄여 주세요.
>
> ㉯ 공원이 너무 지저분해요.
>
> ㉰ 제 부탁을 꼭 들어주세요.

(   )

5 다음 상황에서 할 수 있는 부탁으로 알맞은 것에 ○표 하세요.

> 아파트 단지에 있는 꽃을 함부로 꺾는 친구를 보았다.

(1) 분리수거를 잘하자. (   )

(2) 꽃을 소중히 여기자. (   )

6 다음 상황에서 할 수 있는 부탁을 바르게 쓰세요.

> 급식 시간에 친구들이 밥과 반찬을 많이 남길 때

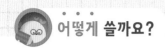

부탁에 대한
알맞은
까닭 쓰기

7 다음 글을 읽고 부탁에 대한 까닭을 찾아 밑줄을 그으세요.

> 엄마, 축구공을 사 주세요. 저도 운동을 하고 싶어요. 또 축구공을 가진 친구들이 부러워요.

8 다음은 부탁하는 글의 일부입니다. 빈칸에 들어갈 부탁에 대한 까닭으로 알맞은 것을 두 가지 고르세요. (   )

> 주민 여러분, 아파트 복도에서 담배를 피우지 않았으면 좋겠어요.

① 친구와 부딪쳐서 다칠 수 있기 때문이에요.

② 친구와 장난을 치고 싶은 마음이 들기 때문이에요.

③ 냄새가 집으로 들어와 숨쉬기가 힘들기 때문이에요.

④ 담배를 아무 곳에나 버려서 복도가 지저분해지기 때문이에요.

9 다음 부탁에 대한 까닭으로 알맞은 것을 보기 에서 찾아 기호를 쓰세요.

> 보기
> ㉮ 친구들과 놀 시간이 부족하기 때문이에요.
> ㉯ 집에 있는 책은 다 읽어서 재미가 없기 때문이에요.
> ㉰ 달려오는 차들이 안 보여 길을 건너기가 힘들기 때문
>   이에요.

(1) 새 책을 사 주세요. (   )

(2) 학교 앞 도로에 주차를 하지 말아 주세요. (   )

10 다음 빈칸에 들어갈 부탁에 대한 까닭을 쓰세요.

아빠, 주말에 자전거 타는 법을 알려 주세요. _____

_____

_____

예의 바른
말로 쓰기

11 다음 부탁하는 글의 잘못된 점을 찾아 ○표 하세요.

삼촌, 저 바둑 좀 가르쳐 주세요. 안 가르쳐 주시면 화낼 거예요.

(1) 예의 바른 말로 쓰지 않았다. (   )

(2) 누구에게 부탁하는지 쓰지 않았다. (   )

(3) 부탁하는 내용이 잘 드러나지 않았다. (   )

12 부탁하는 글을 예의 바른 말로 바르게 쓴 것을 찾아 기호를 쓰세요.

㉮ 수현아, 이번 주말에 놀이터에서 놀자. 내 말 꼭 들어야
해. 안 그러면 다음부터 너와 안 놀 거야.

㉯ 수현아, 이번 주말에 놀이터에서 놀자. 너와 술래잡기도
하고 그네도 타고 싶어. 내 부탁 들어줄 거지?

(   )

1 부탁하는 글을 써야 하는 상황을 한 가지 떠올려 쓰세요.

주변에서 생긴 일 중에서 부탁하는 글을 쓰기에 알맞은 상황을 한 가지 떠올려 보세요.

2 **1**에서 답한 상황을 해결하기 위해 누구에게 어떤 부탁을 하면 좋을지 쓰세요.

1에서 답한 상황에서 누구에게, 무엇을 부탁할지 정리해 보세요. 그리고 부탁하는 내용에 알맞은 까닭도 정리해 보세요.

부탁할 사람	
부탁하는 내용	
부탁하는 까닭	

부탁하는 글을 쓸 때에는 부탁 받는 사람의 마음을 생각하며 써야 해. 그리고 부탁하는 일에 대해 알맞은 까닭을 쓰면 자신의 생각을 잘 전할 수 있어.

3 **2**에서 정리한 내용을 바탕으로 하여 부탁하는 글을 쓰세요.

무엇을 쓸까요?

편지   안부, 소식 따위를 상대방에게 전달하기 위해 대화하듯이 쓴 글입니다.

 어떤 내용이 들어가나요?

- 받을 사람
- 첫인사
- 전하고 싶은 말
- 끝인사
- 쓴 날짜
- 쓴 사람

혜진이에게
<u>받을 사람</u>

안녕? 나, 진희야.
<u>첫인사</u>

전하고 싶은 말

과학 상상화 그리기 대회에서 일 등한 것 정말

축하해. 네 그림을 봤는데 정말 잘 그린 것 같아.

나도 너처럼 그림을 잘 그리고 싶어. 다음번에

우리 집에서 같이 그림 그리자.

그럼 안녕!
<u>끝인사</u>

20○○년 4월 10일
<u>쓴 날짜</u>

진희가
<u>쓴 사람</u>

> 편지는 '받을 사람, 첫인사, 전하고 싶은 말, 끝인사, 쓴 날짜, 쓴 사람'의 순서대로 써야 해.

 **어떻게 쓰나요?**

- 받을 사람: 편지를 받을 사람이 누구인지 씁니다.
- 첫인사: 편지를 받을 사람에게 인사를 하고 안부를 묻는 내용을 씁니다.
- 전하고 싶은 말: 받을 사람에게 전하고 싶은 말을 분명하고 알기 쉽게 씁니다.
- 끝인사: 편지를 받을 사람이 잘 지내기를 바라는 내용이나 마지막으로 인사하는 말을 씁니다.
- 쓴 날짜: 편지를 쓴 날짜를 씁니다.
- 쓴 사람: 편지를 보내는 사람이 누구인지 쓰고, 뒤에 '올림, 드림, 씀, 보냄' 등을 쓰기도 합니다.

〈첫인사 쓰기〉

①

다은이에게

다은아, 안녕?

②

할머니, 할아버지께

할머니, 할아버지, 안녕하세요?

잘 지내시죠?

〈전하고 싶은 말 쓰기〉 **①**

오늘 쉬는 시간에 장난을 심하게 쳐서 정말 미안해.

②

우주에 대한 책을 사 주셔서 정말 고맙습니다.

〈끝인사 쓰기〉

①

다은아, 그럼 안녕!

내일 학교에서 보자!

②

할아버지, 할머니, 건강하세요.

다음 주 주말에 찾아뵐게요.

주의할 점은 무엇인가요?

- 편지에 들어가야 할 내용을 빠뜨리지 않습니다.
- 전하고 싶은 말과 그때의 생각이나 느낌을 자세하게 씁니다.
- 알맞은 문장 부호와 정확한 낱말을 사용합니다.

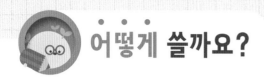

편지 쓸
대상
정하기

1 다음 그림에서 민호는 누구에게 편지를 쓰려고 하는지 ○표 하세요.

우리 아파트를 지켜 주시는
경비 아저씨께
고마운 마음을 편지로 써야겠어!

민호

(1) 반 친구들 (   )   (2) 경비 아저씨 (   )

(3) 아파트 주민들 (   )   (4) 옆집 아주머니 (   )

받을 사람
쓰기

2 다음 편지를 받을 사람은 누구인지 쓰세요.

> 지수에게
>
> 지수야, 안녕?
>
> 이번 주 토요일에 우리 집에 놀러 올래?
>
> 엄마가 생일 선물로 공룡 장난감을 사 주셨거든.
>
> 우리 집에서 맛있는 간식도 먹고, 공룡 장난감도 가지고 놀자!
>
> 그럼 안녕!
>
> 20○○년 5월 3일
>
> 초롱이가

(   )

3 다음은 정훈이가 주영이에게 쓴 편지입니다. 빈칸에 들어갈 첫인사로 알맞은 것을 찾아 ○표 하세요.

주영이에게

주영아, _____

수업 시간에 물감을 빌려줘서 고마워.

다음부터는 준비물 잊지 않고 잘 챙길게.

그럼 내일 보자!

20○○년 5월 12일

정훈이가

안녕하세요?　　안녕?　　감사합니다.　　미안해.

4 다음 빈칸에 들어갈 알맞은 첫인사를 쓰세요.

아빠께

아빠, _____

_____

　주말에 맛있는 떡볶이를 만들어 주셔서 감사해요. 아빠께서 만들어 주신 떡볶이가 제일 맛있는 것 같아요.

　아빠, 사랑해요!

20○○년 5월 16일

딸 현주 올림

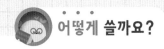

5 다음 친구에게 편지를 쓰려고 합니다. 전하고 싶은 말로 알맞은 것을 찾아 기호를 쓰세요.

(1) 책을 빌려준 친구에게

> ㉮ 네가 친구들 앞에서 내 별명을 불러서 당황했었어.
> ㉯ 지난주에 네가 빌려준 동화책 재미있게 읽었어. 고마워.

(   )

(2) 운동을 하다가 다친 친구에게

> ㉮ 운동을 하다 다쳤다고 들었어. 얼른 나아서 같이 놀자.
> ㉯ 지난번에 내가 다쳤을 때 내 가방을 들어 주어서 정말 고마웠어.

(   )

6 다음 빈칸에 들어갈 전하고 싶은 말을 쓰세요.

> 현우에게
>
> 현우야, 안녕? 나 종석이야. 어제 내가 약속 시간에 너무 늦었지?
>
> _____
>
> _____
>
> 정말 미안해. 그럼 안녕!
>
> 20○○년 5월 20일
> 친구 종석이가

7 편지를 받을 사람이 다음과 같을 때, 끝인사로 알맞은 것을 [보기]에서 찾아 쓰세요.

> [보기]   그럼 안녕!   안녕히 계세요.

(1) 짝에게: (   )

(2) 선생님께: (   )

8 다음 빈칸에 들어갈 알맞은 끝인사를 쓰세요.

> 민주에게
>
> 민주야, 안녕? 나 지윤이야.
>
> 내가 전학 왔을 때, 먼저 말도 걸어 주고 친절하게 대해 주어서 정말 고마워. 새로 만나는 친구들과 친해질 수 있을까 많이 걱정했었거든.
>
> 민주야, 너는 나에게 정말 소중한 친구야. 방학 동안 많이 보고 싶을 거야.
>
> _____
>
> _____
>
> 20○○년 7월 26일
>
> 지윤이가

이렇게 써 봐요!

1 편지를 받을 사람을 쓰세요.

2 **1**에서 답한 사람에게 편지를 쓸 때 알맞은 첫인사를 쓰세요.

3 **1**에서 답한 사람에게 전하고 싶은 말을 쓰세요.

4 **1**에서 답한 사람에게 편지를 쓸 때 알맞은 끝인사를 쓰세요.

5 **1**~**4**에서 정리한 내용을 바탕으로 하여 편지를 쓰세요.

글

2주 『바깥 활동 안전 수첩』 최옥임 글 | 한솔수북 | 2015년

3주 『이르기 대장 나최고』 조성자 글 | 아이앤북 | 2009년

4주 『우리 땅 곤충 관찰기』 정부희 글 | 길벗스쿨 | 2016년

사진

4주 「왕물맴이」, 「송장헤엄치게」, 「넓적사슴벌레 수컷」, 「넓적사슴벌레 암컷」, 「된장잠자리」, 「방아깨비」 정부희

▸ 위에 제시되지 않은 사진이나 이미지는 사용료를 지불하고 셔터스톡 코리아에서 대여했음을 밝힙니다.

▸ 길벗스쿨은 이 책에 실린 모든 글과 사진의 출처를 찾기 위해 최선의 노력을 기울였습니다.
  저작권자를 찾지 못해 허락을 받지 못한 글과 사진은 저작권자가 확인되는 대로 통상의 사용료를 지불하겠습니다.

앗!

본책의 가이드북을 분실하셨나요?
길벗스쿨 홈페이지에 들어오시면
내려받으실 수 있습니다.

기적의
독서 논술

가이드북

3권

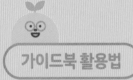

가이드북 활용법

독해 문제의 경우에만 정답을 확인하시고 정오답을 체크해 주시면 됩니다.

낱말 탐구에 제시된 어휘의 뜻은 국립국어원의 국어사전 내용을 기준으로 풀이하여 실었습니다.

그 외 서술·논술형 문제에 해당하는 예시 답안은 참고만 하셔도 됩니다.

아이의 다양한 생각이 예시 답과 다르다고 하여 틀렸다고 결론 내지 마세요.

아이 나름대로 근거가 있고, 타당한 대답이라면 정답으로 인정합니다.

이치에 맞지 않은 답을 한 경우에만 수정하고 정정할 기회를 주시기 바랍니다.

답을 찾는 과정에 집중해 주세요.

다소 엉뚱하지만 창의적이고,
기발하면서 논리적인 대답에는 폭풍 칭찬을 잊지 마세요!

부디 너그럽고 논리적인 독서 논술 가이드가 되길 희망합니다.

읽기 전 생각 열기

1 지금 우리 가족에게 가장 필요한 것은 무엇인지 떠올려 보고, 그 까닭을 함께 쓰세요.

우리 가족에게 가장 필요한 물건을 떠올려 봐. 서로 도와주는 마음. 서로를 사랑하는 마음처럼 정해진 모습이 없는 것을 떠올려도 괜찮아.

가장 필요한 것	예 안마 의자
그 까닭	예 가족이 힘들 때 편하게 피로를 풀 수 있기 때문이다.
가장 필요한 것	예 아침 운동
그 까닭	예 건강해질 수 있고, 일찍 일어나는 습관도 기를 수 있기 때문이다.

2 주위에 있는 사람들 중에서 나를 가장 믿어 주는 사람을 생각하며 다음 물음에 답하세요.

나를 가장 믿어 주는 사람은 누구인가요?

예 엄마

그 사람에게 들은 따뜻한 말은 무엇인가요?

예 넌 무엇이든지 할 수 있어!

그 말을 들었을 때 어떤 기분이 들었나요?

예 나를 믿어 주는 것 같아 기분이 좋았다.

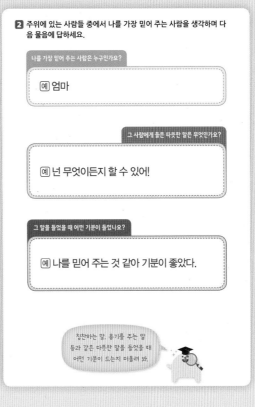

칭찬하는 말, 용기를 주는 말 등과 같은 따뜻한 말을 들었을 때 어떤 기분이 드는지 떠올려 봐.

해설

1 우리 가족에게 가장 필요한 일이나 물건, 마음 등을 떠올려 보고, 그것이 필요한 까닭을 함께 정리해 봅니다.

2 가족이나 친구, 이웃 등 주위에 있는 사람들 중에서 나를 가장 믿어 주고 이해해 주는 사람은 누구인지 쓰고, 그 사람에게 들은 따뜻한 말과 그 말을 들었을 때의 기분을 정리해서 써 봅니다.

읽기 전 낱말 탐구

1 다음 사전이 하는 말을 읽고, 문장에 어울리는 낱말을 찾아 ○표 하세요.

남이 부탁하는 것을 들어준다는 뜻의 낱말이야.

친구네 집에 놀러 가기 위해 엄마의 ⟨승낙⟩ 거절 을 받았다.

달리기에서 우리 반이 이길 거라는 예방 ⟨예상⟩ 이 맞았다.

앞으로 있을 일이나 상황을 짐작할 때 쓰는 낱말이야.

어떤 의견을 내놓을 때는 쓰는 낱말이야.

승아가 내일 놀이터에서 모이자는 ⟨제안⟩ 책임 을 했다.

이모는 내 부탁을 ⟨흔쾌히⟩ 나란히 들어주셨다.

무엇을 기분 좋게 할 때 쓰는 낱말이야.

2 다음 뜻을 가진 낱말을 찾아 ○표 하세요.

몸 따위에 살이 많아지다.

이르다 / 기르다 / ⟨오르다⟩

목적한 곳에 이르다.

다양하다 / 다스리다 / ⟨다다르다⟩

채소나 과일, 생선 따위가 싱싱하다.

신기하다 / ⟨신선하다⟩ / 신고하다

소, 염소 같은 동물이 땅에 난 풀 따위를 떼어서 먹다.

⟨뜯다⟩ / 띠다 / 뜨다

낱말 탐구

✦ **승낙**: 청하는 바를 들어 줌.

✦ **예방**: 질병이나 재해 따위가 일어나기 전에 미리 대처하여 막는 일.

✦ **예상**: 어떤 일을 직접 당하기 전에 미리 생각하여 둠. 또는 그런 내용.

✦ **제안**: 회의에서 어떤 의견을 내놓는 것. 또는 그 의견.

✦ **흔쾌히**: 기쁘고 유쾌하게.

✦ **나란히**: 여럿이 줄지어 늘어선 모양이 가지런한 상태로.

✦ **띠다**: 띠나 끈 따위를 두르다.

한줄톡! ❶ 젖소 ❷ 할머니 ❸ 달걀

한줄톡! ❹ 내기 ❺ 옳다고 ❻ 금화

25쪽

내용 확인 ❶ 필요한 물건 ❷ ㉰ ❸ 염소, 거위
❹ ①

31쪽

내용 확인 ❶ 썩은 사과 ❷ ㉯ ❸ ②, ④
❹ 믿음

❶ 할아버지는 할머니의 말을 듣고 말을 필요한 물건과 바꾸기 위해 시장에 갔습니다.

❷ 할아버지는 닭을 보고 저런 닭이 있으면 매일 아침 신선한 달걀을 먹을 수 있어 할머니가 무척 좋아할 것이라고 생각했습니다.

❸ 할아버지는 시장으로 가다가 말을 젖소, 염소, 거위, 닭의 차례대로 바꾸었습니다.

❹ 할아버지는 점점 값싼 동물로 바꾸면서도 필요한 물건으로 바꾸어 할머니가 무척 좋아할 것이라는 생각에 기분이 무척 좋았습니다.

❶ 할아버지는 닭을 시장에서 만난 남자가 메고 있던 썩은 사과가 들어 있는 자루와 바꾸었습니다.

❷ 두 신사는 분명 할머니가 썩은 사과를 가져온 할아버지에게 화를 내실 거라고 생각했습니다. 할머니가 썩은 사과도 좋아할 것이라고 생각한 인물은 할아버지입니다.

❸ 할머니는 할아버지가 썩은 사과를 가지고 왔는데도 할아버지가 하는 일은 모두 옳다고 하며, 이제 옆집 부인에게 썩은 사과를 빌려줄 수 있게 되었다고 했습니다.

❹ 다른 사람들이 이해하지 못하는 행동을 하더라도 할머니는 할아버지를 무조건 믿어 주었습니다.

❶ 『당신이 하는 일은 모두 옳아요』에서 일어난 일의 차례를 생각하며 빈칸에 알맞은 번호를 쓰세요.

①  할아버지가 말을 꼭 필요한 물건과 바꾸기 위해 시장에 갔다.

③  할아버지는 길가에서 풀을 뜯고 있는 염소를 보고 젖소와 바꾸었다.

② 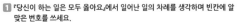 할아버지는 한 청년이 끌고 오는 젖소를 보고 자신의 말과 바꾸었다.

④ 할아버지가 농장 앞을 걷고 있는 거위를 보고 염소와 바꾸었다.

⑦ 할아버지가 두 신사에게 말을 바꾸러 시장에 가다가 겪었던 일을 모두 말해 주자, 두 신사는 할아버지에게 내기를 하자고 하였다.

⑤  할아버지는 길에서 뛰어다니는 닭을 보고 자신의 거위와 바꾸었다.

⑥ 할아버지는 시장에서 만난 남자의 썩은 사과와 자신의 닭을 바꾸었다.

⑧ 할아버지가 한 일을 모두 들은 할머니는 할아버지를 믿어 주었다. 내기에서 진 두 신사는 할아버지에게 금화를 주었고, 할아버지와 할머니는 행복하게 살았다.

1 다음 인물들은 썩은 사과에 대하여 처음에 어떻게 생각했는지 정리하여 쓰세요.

예 쓸모 있고 가치 있는 물건이다. / 필요한 물건이다.

할머니와 할아버지

예 쓸모없는 물건이다. / 할머니에게 필요 없는 물건이다.

두 신사

2 할아버지가 말을 타고 가다가 다음 사람을 만났다면 어떤 생각을 했겠는지 쓰세요.

개를 끌고 가는 사람을 만났다면?

예 저 개를 기른다면 날마다 우리 집을 지켜 주겠지? 그렇다면 할멈이 무척 좋아할지도 몰라.

콩알을 가진 사람을 만났다면?

예 저 콩알을 심어서 기르면 계속 콩을 얻을 수 있을 거야. 할멈에게 무척 필요하겠네.

옷감 장수를 만났다면?

예 저 옷감이 있으면 할멈이 예쁜 옷을 만들어 입을 수 있겠지? 옷감을 가져가면 할멈이 무척 좋아할 거야.

3 『당신이 하는 일은 모두 옳아요』에 나오는 할머니는 할아버지를 무조건 믿어 주었어요. 이러한 할머니의 행동에 대해 어떻게 생각하는지 까닭과 함께 쓰세요.

말을 필요한 물건과 계속 바꾸다가 마지막으로 썩은 사과가 든 자루와 바꿨소.

역시 영감님이 하는 일은 모두 옳아요.

예 할머니가 할아버지를 무조건 믿어 주는 것은 옳다. 왜냐하면 할머니가 할아버지를 믿어 주어서 더 행복하게 살 수 있었다고 생각하기 때문이다. / 할아버지를 무조건 믿어 주는 것은 옳지 않다. 왜냐하면 할아버지가 어리석거나 바르자 않은 행동을 했을 때 잘못을 말해 주는 것이 더 옳다고 생각하기 때문이다.

할머니의 행동이 옳은지 아니면 옳지 않은지 생각해 봐.

4 할아버지와 할머니의 성격이 다음과 같았다면 이야기가 어떻게 되었을지 쓰세요.

할아버지가 자신만 아는 성격이었다면?

예 말을 할아버지가 좋아하는 물건과 바꾸었을 것이다.

할머니가 불평이 많은 성격이었다면?

예 할머니가 썩은 사과를 가져온 할아버지에게 화를 내고, 할아버지와 크게 다투었을 것이다.

1 할아버지와 할머니는 썩은 사과도 쓸모 있고 필요한 물건이라고 생각했지만 두 신사는 썩은 사과를 쓸모없고 가치 없는 물건이라고 생각했습니다.

2 할아버지가 말을 타고 가다가 콩알을 가진 사람이나 옷감을 가진 사람을 만났다면 할머니를 떠올리며 콩알과 옷감이 필요한 물건이라고 생각했을 것입니다. 이러한 할아버지의 생각을 콩알과 옷감이 있으면 좋은 점과 함께 썼으면 정답으로 합니다.

3 할머니는 할아버지가 어떤 행동을 하더라도 무조건 믿어 주었습니다. 이러한 할머니의 행동이 옳은지 아니면 옳지 않은지 판단해서 그 까닭과 함께 써 봅니다.

4 할아버지가 자신만 아는 성격이었다면 할머니를 생각하지 않고 말을 할아버지가 좋아하는 물건과 바꾸었을 것입니다. 또 할머니가 불평이 많은 성격이었다면 썩은 사과를 가져온 할아버지가 못마땅하여 할아버지와 다투었을 것입니다. 인물의 성격에 어울리게 이야기의 내용을 바꾸어 썼으면 정답으로 합니다.

2주 바깥 활동 안전 수첩

읽기 전 생각 열기

42~43쪽

1 다음 장소에서 일어날 수 있는 위험 상황을 한 가지 떠올려 쓰세요.

교실 의자를 앞뒤로 흔들다 가 뒤로 넘어질 수 있다.

놀이터 〔예〕 그넷줄을 꽉 잡지 않으면 그네에 서 떨어질 수 있다.

급식실 조심하지 않으면 뜨 거운 국물에 손을 델 수 있다.

바닷가 〔예〕 깊은 곳에 들어갔다가 물에 빠질 수 있다.

2 다음 표지판이 알려 주는 내용을 찾아 선으로 이으세요.

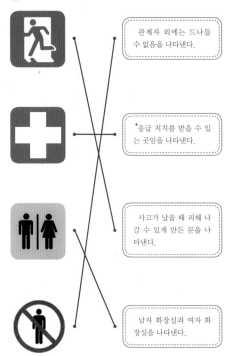

관계자 외에는 드나들 수 없음을 나타낸다.

응급 처치를 받을 수 있 는 곳임을 나타낸다.

사고가 났을 때 피해 나 갈 수 있게 만든 문을 나 타낸다.

남자 화장실과 여자 화 장실을 나타낸다.

해설

1 놀이터에서 미끄럼틀 이나 시소, 그네를 탈 때 안 전을 생각하지 않으면 다칠 수 있습니다. 바닷가에서는 물놀이와 관련된 사고가 일 어날 수 있습니다.

2 첫 번째는 사고가 났을 때 피해 나갈 수 있게 만든 비상구를 나타내는 표지판 이고, 두 번째는 응급 처치 를 받을 수 있는 곳임을 나 타내는 표지판입니다. 세 번째는 화장실을 나타내는 표지판이고, 네 번째는 관 계된 사람 외에는 드나들 수 없음을 나타내는 표지판 입니다.

ㄱ ㄴ ㄷ 읽기 전 낱말 탐구

44~45쪽

1 다음 밑줄 친 말과 바꾸어 쓸 수 있는 낱말을 찾아 ○표 하세요.

내가 생각 없이 한 말에 동생이 무척 화가 났다.

〔무심코〕 〔억지로〕

동생이 먹고 있는 솜사탕에서 달콤한 냄새가 났다.

〔단내〕 〔고린내〕

팽이가 제자리에서 빙빙 돌고 있다.

〔회복하고〕 〔회전하고〕

알림
도서관 자료실 안에서 휴대 전화 사용을 제한합니다.

자료실 안에서 휴대 전화 사용 을 제한한다는 알림판이 붙었다.

〔금지한다는〕 〔허락한다는〕

2 다음 사전이 하는 말을 읽고, 문장에 어울리는 낱말을 찾아 ○표 하세요.

많은 사람이 한곳에 모여 수선스럽게 움직이는 모양을 뜻하는 낱말이야.

가게는 손님들로 〔띄엄띄엄〕 〔북적북적〕 붐볐다.

이 물감은 〔검색〕 〔검증〕 결과 피부에 안전한 것으로 드러났다.

검사하여 증명한다는 뜻의 낱말이야.

타지 않는 쇠나 돌 따위를 불에 대어 뜨겁게 한다는 뜻의 낱말이야.

뜨겁게 〔달군〕 〔식힌〕 솥뚜 껑에 고기를 구워 먹었다.

〔무리하게〕 〔편리하게〕 일을 하면 건강에 좋지 않다.

도리나 이치에 맞지 않거나 정도에서 지나치게 벗어난다는 뜻의 낱말이야.

낱말 탐구

✦ **무심코:** 아무런 뜻이나 생각이 없이.

✦ **단내:** 달콤한 냄새.

✦ **회전하다:** 어떤 것을 축 으로 물체 자체가 빙빙 돈다.

✦ **금지하다:** 법이나 규칙 이나 명령 따위로 어떤 행위를 하지 못하도록 하 다.

✦ **검색:** 책이나 컴퓨터에 서, 목적에 따라 필요한 자료들을 찾아내는 일.

✦ **식히다:** 더운 기를 없애 다.

한줄 톡! ❶ 손잡이 ❷ 보호자 ❸ 헬멧

51쪽

내용 확인 **1** 안전 **2** ① **3** ㉰
         4 (1) 마스크 (2) 그물망

한줄 톡! ❹ 6 ❺ 준비 운동 ❻ 호루라기

57쪽

내용 확인 **1** (2) ○ **2** 정윤 **3** 서후
         4 장화

1 여러 장소에서 지켜야 할 안전 수칙이 무엇인지 설명하는 글입니다.

2 덜렁이는 그네에 부딪혀서 넘어졌습니다.

3 자동문이 닫히고 있을 때는 무리하게 들어가지 않아야 하고, 에스컬레이터를 탈 때는 손잡이를 꼭 잡아야 합니다.

4 미세 먼지가 많을 때는 외출을 피하고, 꼭 나가야 할 때는 검증된 마스크를 써야 합니다. 또 공은 그물망이나 손가방에 넣어 떨어뜨리지 않도록 해야 합니다.

1 산에 갈 때는 풀독이 생기거나 가시에 찔리는 것을 막기 위해 긴소매의 윗도리와 긴바지를 입어야 합니다. 그리고 단내가 나는 과일은 벌들이 몰려들 수 있으므로 되도록 먹지 않습니다.

2 정윤이가 몸에 맞는 구명 조끼를 입었고, 앞의 버클을 채우고 뒤쪽 끈도 다리 사이로 통과시켜 단단히 채웠습니다.

3 바닷가에서 물놀이를 할 때에는 30분마다 한 번씩 물 밖에서 쉬고 물을 마셔야 합니다.

4 덜렁이가 장화를 벗어 던지고 갯벌로 뛰어들었기 때문입니다.

---

1 『바깥 활동 안전 수첩』에서 설명한 안전 수칙을 간단히 정리해 보세요.

그네를 탈 때

반드시 앉아서 타고, 그 넷줄을 꼬지 않아요. 그리고 그네에서 멀리 뛰어내리지 않아요. 그네 가까이 지나갈 때는 조심해야 해요.

엘리베이터를 탈 때

엘리베이터 문에 손을 갖다 대지 않아요. 문틈으로 쓰레기를 버리지 않고, 문에 기대거나 발 로 차지 않아요. 또 엘리베이터 안에서 뛰지 않아요.

미세 먼지가 많을 때

되도록 바깥 활동 을 피하고 꼭 나가야 할 때는 검증된 마스크를 써요. 외출 후에는 물 을 많이 마셔요.

산에 갈 때

긴소매의 윗도리와 긴바지 를 입고, 아무것이나 함부로 먹지 않아요.

바닷가에서 물놀이할 때

물놀이하기 전에는 준비 운동을 충분히 해요. 물놀이할 때에는 안전 부표를 넘어가지 않고 장난을 하지 않아요. 그리고 30분마다 한 번씩 물 밖에서 쉬고 물을 마셔요.

갯벌 체험을 할 때

갯벌에 들어갈 때는 장갑을 끼고 장화를 신고 시계, 휴대 전화, 호루라기를 챙겨요. 밀물이 들어오기 30분 전에는 바다에서 나와야 해요.

1 다음 친구에게 안전 수칙을 알려 주는 말을 쓰세요.

예 엘리베이터 문에 기대면 안 돼. 갑자기 문이 열리면 넘어질 수 있어.

📝 예 인라인스케이트를 탈 때는 헬멧을 꼭 써야 해. 그래야 머리를 보호할 수 있어.

📝 예 산에 갈 때는 긴소매의 윗도리와 긴바지를 입어야 해. 그래야 풀독이 생기거나 가시에 찔리는 것을 막을 수 있어.

인라인스케이트를 탈 때, 등산을 할 때 지켜야 하는 안전 수칙을 생각해 봐.

2 ⊘표시를 이용하여 다음 규칙을 알리는 표지판을 그려 보세요.

 시소 위에 서거나 시소 위를 걸어 다니면 안 돼요.

 미끄럼틀에서 다른 사람을 당기면 안 돼요.

 그네를 탈 때는 서서 타지 말고 앉아서 타요.

 총알이 나오는 장난감 총은 가지고 놀면 안 돼요.

3 도로에서도, 학교에서도 지켜야 할 규칙이 있어요. 다음 빈칸에 친구들이 규칙을 지켜야 하는 까닭을 쓰세요.

 예 친구를 다치게 할 수 있으니까 위험한 장난은 하지 말아야 해.

📝 예 교통사고가 날 수 있으니까

 교통 신호는 반드시 지켜야 해.

📝 예 수업에 방해가 되니까

 수업 시간과 쉬는 시간을 구분해야 해.

4 나는 평소 안전 수칙을 잘 지키고 있는지 생각해 보고, 안전 행동을 약속하는 내용을 쓰세요.

집에서 안전하게 생활하기 위한 약속

1. 젖은 손으로 전기 기구를 만지지 않겠습니다.
2. 바닥이 미끄러워 넘어질 수 있으므로 화장실에서 뛰지 않겠습니다.
3. 📝 예 창문 밖으로 몸을 내밀지 않겠습니다.

학교에서 안전하게 생활하기 위한 약속

1. 복도에서 뛰지 않겠습니다.
2. 📝 예 가방을 바르게 걸어두겠습니다.
3. 📝 예 계단에서는 한 계단씩 올라가고 내려가겠습니다.

해설

1 두 번째 그림에서는 '헬멧을 써야 한다는 것', 세 번째 그림에서는 '긴소매의 윗도리와 긴바지를 입어야 한다는 것'을 썼으면 정답으로 인정합니다.

2 먼저 그네를 서서 타는 모습과 장난감 총을 그린 뒤, 그 위에 ⊘를 겹쳐 그립니다.

3 여러 사람들이 안전하고 질서 있게 살아가기 위해서는 교통 규칙, 학교 규칙을 지켜야 합니다. 교통 규칙과 학교 규칙을 지켜야 하는 까닭을 알맞게 썼으면 정답으로 합니다.

4 집의 거실이나 화장실, 부엌 등에서 지켜야 할 안전 수칙과 학교의 교실, 복도, 계단 등에서 지켜야 할 안전 수칙을 바르게 썼으면 정답으로 합니다.

읽기 전 생각 열기

1 나와 내 주변에 있는 사람이 잘하거나 자주 하는 일을 떠올려 보고, 그 사람은 어떤 대장인지 쓰세요.

> 내가 잘하거나 자주 하는 일은 🖉 예 다른 사람 흉내
> 를 내는 것이다.
>
> 나는 🖉 예 흉내 내기 ___ 대장이다.

> 아빠가 잘하거나 자주 하는 일은 예 나와 놀아 주는 것이다.
>
> 우리 아빠는 ___ 예 놀아 주기 ___ 대장이다.

> 내 친구가 잘하거나 자주 하는 일은 🖉 예 코를 킁킁
> 거리며 말하는 것이다.
>
> 내 친구는 🖉 예 킁킁거리기 ___ 대장이다.

2 다음 그림에서 성훈이의 기분은 어떠하겠는지 쓰세요.

> 🖉 예 잘못을 하긴 했지만 시진이가 선생님께
> 고자질을 해서 당황했을 것이다.

해설

1 나와 친구가 잘하거나 자주 하는 일이 무엇인지 떠올려 보고, 어떤 대장인지 그 일에 어울리게 썼으면 정답으로 합니다.

2 시진이가 선생님께 필통은 안 가져오고 장난감만 가져온 사실을 일러서 성훈이는 당황하고 속상했을 것입니다. 성훈이가 처한 상황을 고려하여 그때의 기분을 바르게 짐작하여 썼으면 정답으로 합니다.

읽기 전 낱말 탐구

1 다음 빈칸에 들어갈 알맞은 낱말을 동물 쪽지에서 찾아 쓰세요.

> 허리가 커서 바지를
> **추스른** 뒤 걸
> 었다.

추스른
동정하는

> 주원이는 추위에 떨
> 고 있는 강아지를 보고
> **동정하는**
> 눈빛을 보냈다.

> 냄비에 담긴 된장국이
> **크렁크렁해서**
> 쏟을 뻔하였다.

날래서
크렁크렁해서

> 우리 형은 걸음이 무척
> **날래서** ___ 학교에
> 금세 간다.

> 아빠는 **무심한**
> 표정으로 신문을 한참동안
> 읽으셨다.

무심한
쟁쟁한

> 종소리가 아직도 귀에
> **쟁쟁한** ___ 것 같다.

2 다음 물음에 대한 답을 바르게 말한 친구를 찾아 ○표 하세요.

> '기운이나 긴장이 풀어
> 지다.'라는 뜻을 가진 표
> 현은 무엇인가요?

기를 쓰다.

맥이 풀리다.

> '들은 기억이 있다.'라
> 는 뜻을 가진 표현은 무
> 엇인가요?

귀에 익다.

귀를 기울이다.

> '마음이 언짢거나 못마
> 땅해하다.'라는 뜻을 가
> 진 표현은 무엇인가요?

혀를 차다.

혀가 짧다.

> '험악한 표정을 짓다.'
> 라는 뜻을 가진 표현은
> 무엇인가요?

인상을 쓰다.

고개를 흔들다.

낱말 탐구

- ✦ **추스르다**: 흘러내리거나 처진 것을 가볍게 치켜 올리다.
- ✦ **동정하다**: 남의 어려운 처지를 자기 일처럼 딱하고 가엾게 여기다.
- ✦ **크렁크렁하다**: 액체가 많이 담기거나 괴어서 가장자리까지 거의 찰 듯하다.
- ✦ **날래다**: 사람이나 동물의 움직임이 나는 듯이 빠르다.
- ✦ **무심하다**: 아무런 생각이나 감정 따위가 없다.
- ✦ **쟁쟁하다**: 전에 들었던 말이나 소리가 귀에 울리는 듯하다.

한줄톡! ❶ 공기 알   ❷ 경준이   ❸ 이르기 대장

한줄톡! ❹ 지수   ❺ 고자질   ❻ 고자질

77쪽

내용 확인 ❶ 고자질   ❷ ②, ③   ❸ 최고의 누나
❹ ㉯

83쪽

내용 확인 ❶ ③   ❷ ㉮   ❸ 공기 알(다섯 개)
❹ 좋아하는

❶ 최고는 '이르기 대장'으로 불리는 아이로, 고자질을 잘합니다.

❷ 최고가 지수의 공기 알에 대해 선생님께 일러바친 뒤로 반 친구들이 교실에 들어서는 최고를 피했고, 소현이는 최고에게 따졌습니다. 소현이의 말에 화가 난 최고는 소현이를 쫓아가다가 소현이의 발에 걸려 넘어졌습니다. ㉠은 문방구 앞에서, ㉯는 최고의 집 앞에서 일어난 일입니다.

❸ 최고가 경준이와 싸우고 있을 때 최고의 누나가 나타나 싸움을 말렸습니다.

❹ 최고의 누나는 최고에게 고자질은 유치한 아이들이나 하는 짓이라고 말했습니다.

❶ 최고는 집에서 나오기 전, 화장실을 들르지 않고 그냥 나왔습니다. 그래서 학교 가는 길에 나무 뒤로 가 소변을 누다가 지수와 눈이 마주쳤습니다.

❷ 수업 시간이 끝날 때까지 지수는 선생님께 최고의 잘못을 고자질하지 않았습니다. 최고도 지수의 눈치를 보느라 고자질을 한 번도 못했습니다.

❸ 최고는 자신 때문에 선생님께 공기 알을 빼앗긴 지수에게 공기 알 다섯 개를 선물로 주었습니다.

❹ 지수에게 공기 알을 주고 집으로 오면서 최고의 마음속에 지수를 좋아하는 마음이 싹을 내밀었습니다.

1 『이르기 대장 나최고』에서 일어난 일의 차례를 생각하며 빈칸에 알맞은 말을 쓰세요.

① 최고가 선생님께 고자질 을 해서 반 친구들 모두 최고를 피했다.

선생님, 지수가 공기 알을 갖고 놀아요.

② 최고가 준철이와 경준이에게 육포를 달라고 했다가 경준이와 싸웠다.

③ 최고와 경준이의 싸움을 말린 최고의 누나가 고자질은 유치한 아이들 이나 하는 짓이라고 했다.

④ 최고는 학교에 가기 싫어 늑장을 부리다가 집에서 늦게 나왔다.

⑤ 최고는 학교 가는 길에 소변이 마려워 얼른 나무 뒤로 가 소변을 누다가 [예] 지수와 눈이 마주쳤다 .

⑥ 최고는 지수가 선생님께 자신의 잘못에 대해 고자질을 할까 봐 불안했는데, 지수는 [예] 선생님에게 고자질을 하지 않았다 .

⑦ 최고는 집에 돌아가는 길에 지수 뒤를 따라가 지수에게 공기 알 다섯 개를 선물로 주었다.

⑧ 집으로 오면서 최고는 고자질이 [예] 시시하게 느껴졌고, 마음속에 지수를 좋아하는 마음이 생겼다.

1 내가 다음 인물이라면 어떻게 행동할지 쓰세요.

네가 선생님께 지수 공기 알이 어떠고저떠고 일러바쳤잖아! 아주 께쩨한 녀석!

예 최고의 기분을 생각해서 고운 말로 최고의 잘못에 대해 잘 말해 줄 것이다.

유치원 때 단짝 친구인 준철이었다면?

준철

예 최고가 잘못했지만 최고와 단짝 친구였으므로 최고를 피하지 않을 것이다.

이르기 대장에게는 주기 싫지.

최고를 약 올린 경준이었다면?

예 최고를 약 올리지 않고 최고의 이름을 부르며 자신의 생각을 분명하게 말할 것이다.

2 지수가 선생님께 고자질하지 않는 것을 보고 최고는 어떤 깨달음을 얻었을지 쓰세요.

예 그동안 내가 고자질했던 친구들도 나처럼 선생님께 혼날까 봐 불안했겠구나. 다른 사람의 잘못을 무조건 일러바치는 행동을 고쳐야겠다.

3 지수와 헤어진 최고는 경준이가 불량 식품을 사 먹는 것을 보았어요. 다음 날 최고는 어떻게 했을지 상상하여 쓰세요.

경준이가 불량 식품을 사 먹고 있네.

길벗 문구

예 경준이의 행동을 고자질하지 않았을 것이다. 대신 경준이에게 불량 식품을 먹으면 건강에 나쁘다고 말해 줄 것 같다.

4 최고가 지수에게 공기 알을 준 다음날 편지를 썼어요. 빈칸에 최고의 마음을 전하는 말을 정리하여 쓰세요.

지수에게

지수야, 안녕? 나 최고야.

예 어제 네가 내 잘못을 선생님께 이를까 봐 조마조마했었어. 그런데 네가 이르지 않는 것을 보고 그동안 내가 잘못했다는 것을 깨달았어. 나를 깨닫게 해 주어서 고마워. 그리고 네 기분을 생각하지 않고 선생님께 네 공기 알에 대해 일러서 미안해.

앞으로는 무조건 다른 사람의 잘못을 고자질하지 않고 그 사람의 기분도 생각하도록 노력할게.

앞으로 더 친하게 지내자. 그럼 안녕.

20○○년 ○○월 ○○일

최고가

5 최고처럼 무조건 다른 사람의 잘못을 고자질하면 안 되지만, 때로는 해야 하는 경우도 있어요. 다음 그림처럼 어린아이가 괴롭힘을 당하는 것을 보았을 때 나라면 어떻게 하겠는지 그 까닭과 함께 쓰세요.

나라면 어떻게 할까요?

예 선생님이나 주위에 있는 어른께 이 상황을 알린다.

그 까닭은 무엇인가요?

예 어린아이를 괴롭히는 것은 나쁜 행동으로, 어른의 도움이 필요한 상황이기 때문이다.

해설

1 준철이는 최고와 유치원 때 단짝 친구였지만 반 친구들처럼 최고를 피했고, 경준이는 이르기 대장에게는 육포를 주기 싫다며 최고를 약 올렸습니다. 내가 준철이나 경준이였다면 최고에게 어떻게 했을지 생각해서 써 봅니다.

2 지수에게 공기 알을 선물하고 집으로 돌아오면서 최고는 고자질이 조금 시시하게 느껴졌고, 고자질을 그만 해야겠다고 생각했습니다. 이와 관련지어 썼으면 정답으로 합니다.

4 최고는 지수가 선생님께 자신의 잘못을 이를까 봐 불안했는데 지수가 이르지 않는 것을 보고 지수에게 고마운 마음, 미안한 마음 등이 들었습니다. 이러한 최고의 마음을 나타내는 말을 넣어 편지를 완성해 봅니다.

5 그림처럼 어른의 도움이 필요한 상황이나 억울한 일을 당하는 상황, 주위 사람이 아프거나 다친 상황, 친구나 동생이 위험한 장난을 하는 상황 등을 보게 되었을 때는 선생님이나 부모님, 또는 주위에 있는 어른께 상황을 알리는 것이 좋습니다.

읽기 전 생각 열기

1 다음 다섯 고개 놀이의 답을 쓰세요.

	질문		대답
첫째 고개	식물인가요?	➡	아니요, 곤충입니다.
둘째 고개	이름은 몇 글자인가요?	➡	두 글자입니다.
셋째 고개	땅을 기어 다니나요?	➡	아니요, 주로 나무에 붙어 있지만 날아다니기도 합니다.
넷째 고개	어느 계절에 볼 수 있나요?	➡	여름에 볼 수 있습니다.
다섯째 고개	울음소리는 어떤가요?	➡	맴맴맴 웁니다.

정답은 **매미** 입니다.

2 다음 곤충이 자기를 소개하는 말을 읽고, 어떤 재주를 가지고 있을지 상상하여 쓰세요.

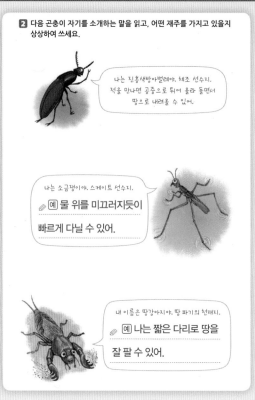

나는 진홍색방아벌레야. 체조 선수지. 적을 만나면 공중으로 튀어 올라 돌면서 땅으로 내려올 수 있어.

나는 소금쟁이야. 스케이트 선수지.
✎ 예 물 위를 미끄러지듯이 빠르게 다닐 수 있어.

내 이름은 땅강아지야. 땅 파기의 천재지.
✎ 예 나는 짧은 다리로 땅을 잘 팔 수 있어.

해설

1 이름이 두 글자이고, 주로 나무에 붙어 있는 곤충이며, 여름에 볼 수 있고, 맴맴맴 하고 우는 것은 '매미'입니다.

2 '스케이트 선수'라는 말을 통해 소금쟁이가 미끄러지듯이 빠르게 다닐 수 있다는 것을, '땅 파기의 천재'라는 말을 통해 땅강아지가 땅을 매우 잘 판다는 것을 짐작할 수 있습니다.

읽기 전 낱말 탐구

1 다음 그림을 보고, 문장에 어울리는 낱말을 골라 ○표 하세요.

할머니께서는 (평생) 고생 아껴 쓰며 사셨다.

문제를 풀 최근 (최적)의 방법을 생각했다.

소매 (언저리) 동아리 에 물감이 묻었다.

형은 몸집이 우거져서 (우람해서) 운동선수 같다는 말을 자주 듣는다.

2 다음 뜻을 가진 낱말을 찾아 ○표 하세요.

조그만 빈틈이나 잘못이 전혀 없을 만큼 엄격하고 세밀하게.
(엄밀히) / 당당히 / 신속히

바쁘거나 급한 일이 없어 편안하고 여유 있다.
흥미롭다 / 까다롭다 / (한가롭다)

얼마쯤씩 있다가 가끔.
흔히 / 항상 / (이따금)

더욱 심하다 못하여 나중에는.
마음껏 / (심지어) / 막연히

낱말 탐구

✦ **평생:** 세상에 태어나서 죽을 때까지의 동안.

✦ **최근:** 얼마 되지 않은 지나간 날부터 현재 또는 바로 직전까지의 기간.

✦ **최적:** 가장 알맞음.

✦ **언저리:** 어떤 것의 둘레. 또는 어떤 테두리에 가까운 것.

✦ **우거지다:** 풀, 나무 따위가 자라서 무성해지다.

✦ **우람하다:** 아주 크고 웅장하다.

✦ **신속히:** 매우 날쌔고 빠르게.

✦ **막연히:** 뚜렷하지 못하고 어렴풋하게.

한줄 톡! ❶ 왕물맴이 ❷ 뒷다리 ❸ 앞다리

한줄 톡! ❹ 뿔(큰턱) ❺ 열대 ❻ 공기주머니

103쪽

내용 확인 ❶ (1) ○ ❷ ④ ❸ (1) ○
❹ ③

109쪽

내용 확인 ❶ 넓적사슴벌레 ❷ 큰턱 ❸ ②
❹ 주혁

❶ 여러 곤충들이 가진 신기한 능력이 무엇인지에 대해 설명하는 글입니다.

❷ 물맴이는 물 위에서 맴맴 돈다고 해서 붙여진 이름으로, 방향을 바꿔 가며 물 위를 돕니다. 또 알에서 애벌레, 번데기, 어른 벌레까지 모든 시절을 물에서 보냅니다.

❸ 송장헤엄치게는 몸을 뒤집은 채 물 위를 헤엄칠 수 있습니다.

❹ 주어진 내용은 송장헤엄치게의 생김새에 대해 설명한 부분입니다.

❶ 곤충 세계의 으뜸 싸움꾼은 훤칠하게 쭉 뻗은 뿔을 가진 넓적사슴벌레입니다.

❷ 넓적사슴벌레의 수컷은 다른 수컷과 힘겨루기를 할 때 뿔(큰턱)을 사용합니다.

❸ 된장잠자리는 먼 거리를 날아서 이동할 수 있는 능력을 가지고 있습니다.

❹ 된장잠자리의 날개는 몸통에 비해 무척 크며, 앞날개보다 뒷날개가 더 큽니다.

---

❶ 『우리 땅 곤충 관찰기』에서 글쓴이가 본 곤충의 특징을 생각하며 빈칸에 알맞은 말을 쓰세요.

• 이름: 왕물맴이
• 곤충을 본 때와 장소: 6월, 강원도 횡성
• 곤충의 능력: 물 위를 돌면서 [헤엄] 을 친다.
• 생김새: 앞다리는 길쭉하고 가운뎃다리와 뒷다리는 짧다.

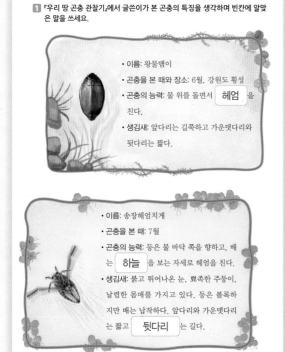

• 이름: 송장헤엄치게
• 곤충을 본 때: 7월
• 곤충의 능력: 등은 물 바닥 쪽을 향하고, 배는 [하늘] 을 보는 자세로 헤엄을 친다.
• 생김새: 붉고 튀어나온 눈, 뾰족한 주둥이, 날렵한 몸매를 가지고 있다. 등은 볼록하지만 배는 납작하다. 앞다리와 가운뎃다리는 짧고 [뒷다리] 는 길다.

• 이름: 넓적사슴벌레
• 곤충을 본 때와 장소: [8] 월, 선운산
• 곤충의 능력: 수컷이 다른 수컷과 힘겨루기 할 때 뿔(큰턱)을 사용한다.
• 생김새: 넓적사슴벌레 수컷은 턱이 크고 길지만 암컷은 작다.

• 이름: 된장잠자리
• 곤충을 본 때와 장소: 8월, [안면도]
• 곤충의 능력: ✐ [예] 열대 지방에서 우리나라로 날아올 정도로 비행을 잘한다.
• 생김새: 몸 색깔이 누리끼리하고 몸통에 비해 [날개] 가 무척 크다.

1 왕물맴이와 송장헤엄치게의 다른 점을 정리하여 쓰세요.

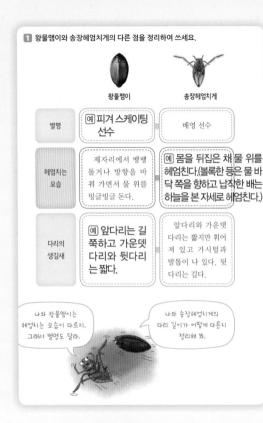

왕물맴이 　송장헤엄치게

	왕물맴이	송장헤엄치게
별명	**예** 피겨 스케이팅 선수	배영 선수
헤엄치는 모습	제자리에서 뱅뱅 돌거나 방향을 바꿔 가면서 물 위를 빙글빙글 돈다.	**예** 몸을 뒤집은 채 물 위를 헤엄친다.(볼록한 등은 물 바닥 쪽을 향하고 납작한 배는 하늘을 본 자세로 헤엄친다.)
다리의 생김새	**예** 앞다리는 길쭉하고 가운뎃다리와 뒷다리는 짧다.	앞다리와 가운뎃다리는 짧지만 휘어져 있고 가시털과 발톱이 나 있다. 뒷다리는 길다.

나와 왕물맴이는 헤엄치는 모습이 다르지. 그래서 별명도 달라.

나와 송장헤엄치게의 다리 길이가 어떻게 다른지 정리해 봐.

2 이 글을 읽고 넓적사슴벌레에 대한 안내판을 만들었습니다. 빈칸에 알맞은 말을 쓰세요.

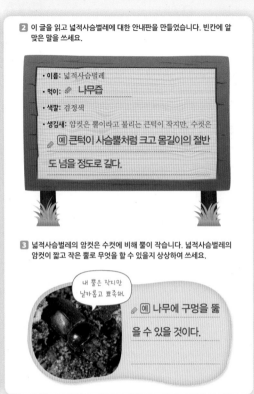

• 이름: 넓적사슴벌레
• 먹이: 🖊 나무즙
• 색깔: 검정색
• 생김새: 암컷은 뿔이라고 불리는 큰턱이 작지만, 수컷은 🖊 **예** 큰턱이 사슴뿔처럼 크고 몸길이의 절반도 넘을 정도로 길다.

3 넓적사슴벌레의 암컷은 수컷에 비해 뿔이 작습니다. 넓적사슴벌레의 암컷이 짧고 작은 뿔로 무엇을 할 수 있을지 상상하여 쓰세요.

내 뿔은 작지만 날카롭고 뾰족해.

🖊 **예** 나무에 구멍을 뚫을 수 있을 것이다.

4 다음은 강원도 산속에서 쉬고 있던 된장잠자리와 메뚜기가 나눈 대화입니다. 빈칸에 알맞은 말을 쓰세요.

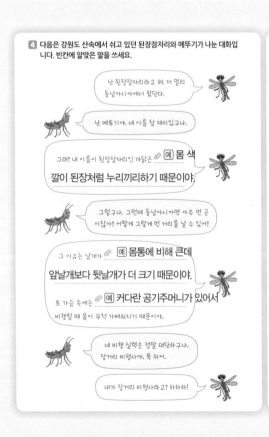

난 된장잠자리라고 해. 저 멀리 동남아시아에서 왔단다.

난 메뚜기야. 네 이름 참 재미있구나.

그래? 내 이름이 된장잠자리인 까닭은 🖊 **예** 몸 색깔이 된장처럼 누리끼리하기 때문이야.

그렇구나. 그런데 동남아시아면 아주 먼 곳이잖아? 어떻게 그렇게 먼 거리를 날 수 있어?

그 이유는 날개가 🖊 **예** 몸통에 비해 큰데 앞날개보다 뒷날개가 더 크기 때문이야. 또 가슴 속에는 🖊 **예** 커다란 공기주머니가 있어서 비행할 때 몸이 무척 가벼워지기 때문이야.

네 비행 실력은 정말 대단하구나. 장거리 비행사야. 푹 쉬어.

내가 장거리 비행사라고? 하하하!

5 우리 주변에서 신기한 능력을 가진 곤충을 찾아보고, 그 곤충이 어떤 능력을 가지고 있는지 쓰세요.

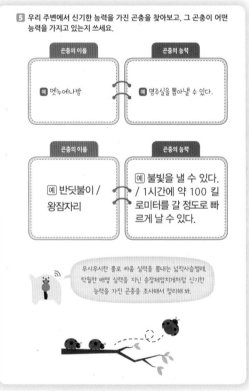

곤충의 이름	곤충의 능력
예 멧누에나방	**예** 명주실을 뽑아낼 수 있다.
예 반딧불이 / 왕잠자리	**예** 불빛을 낼 수 있다. / 1시간에 약 100 킬로미터를 갈 정도로 빠르게 날 수 있다.

무시무시한 물로 싸움 실력을 뽐내는 넓적사슴벌레, 탁월한 배영 실력을 지닌 송장헤엄치게처럼 신기한 능력을 가진 곤충을 조사해서 정리해 봐.

해설

1 왕물맴이는 제자리 또는 방향을 바꿔 가며 뱅글뱅글 돌면서 헤엄치고, 송장헤엄치게는 몸을 뒤집은 채 헤엄칩니다. 다리의 생김새도 왕물맴이는 앞다리가 길쭉하지만 송장헤엄치게는 뒷다리가 깁니다.

3 넓적사슴벌레 암컷의 큰턱은 수컷에 비해 짧지만 날카롭고 뾰족하여 단단한 나무도 쉽게 구멍을 낼 수 있습니다. 넓적사슴벌레 암컷이 할 수 있는 일을 바르게 상상하여 썼으면 정답으로 합니다.

4 된장잠자리는 몸 색깔이 된장처럼 누리끼리해서 붙여진 이름입니다. 된장잠자리가 비행을 잘할 수 있는 까닭은 날개가 몸통에 비해 무척 크며, 가슴 속에 공기를 보관하는 커다란 공기주머니가 있어 비행할 때 몸을 가볍게 해 주기 때문입니다.

5 백과사전이나 곤충에 대한 책, 인터넷, 신문, 텔레비전 등에서 신기한 능력을 가진 곤충을 찾아보고, 그 곤충이 어떤 능력을 가졌는지 정리해 봅니다.

39쪽

★ 그림 속 사람들이 무엇을 하고 있을지, 어떤 표정을 짓고 있을지 등을 상상하며 다음 그림을 완성해 보세요.

65쪽

★ 봉지에 과자 이름을 쓰면 그 이름대로 이루어지는 과자가 있어요. 자신의 소원을 담아 과자 이름을 쓰고, 과자 봉지를 꾸며 보세요.

91쪽

★ 목장에 양이 있어요.
양이 모두 몇 마리 있는지 세어 보고 빈칸에 알맞은 숫자를 쓰세요.

17 마리

117쪽

재미로 보는 심리 테스트 결과

① 얼룩말을 고른 당신은 목표를 향해 곧장 나아가는 사람!
한번 하기로 마음 먹으면 거침없이 나아가는 성격이에요.
스스로 일을 해결하는 것을 좋아해요.

② 호랑이를 고른 당신은 겉으로는 강하지만 속은 부드러운 사람!
경쟁을 싫어하고 평화를 사랑하는 성격이에요.

③ 기린을 고른 당신은 꼼꼼하고 눈치가 빠른 사람!
사람들을 관찰하고 파악하는 것을 좋아해요.
자신이 뭘 좋아하고 싫어하는지에 대한 생각이 확실한 편이랍니다.

④ 코끼리를 고른 당신은 자신을 사랑하는 사람!
특별히 싫어하는 것 없이 대체로 "좋은 게 좋은 거지!"라고 생각하는 편이에요.
남이 가지고 있는 것보다는 자신이 가지고 있는 것을 소중히 여긴답니다.

부탁하는 글 어떻게 쓸까요?

122~125쪽

1 반 친구들   2 부모님   3 선생님   4 ㉮

5 (2) ○   6 예 급식을 남기지 말고 다 먹자.

7 저도 운동을 하고 싶어요. 또 축구공을 가진 친구들이 부러워요.   8 ③, ④   9 (1) ㉯ (2) ㉰

10 예 친구들과 학교 옆에 있는 공원에 가서 자전거를 타고 싶기 때문이에요.   11 (1) ○   12 ㉯

---

2 집에서 강아지를 키우자는 부탁을 하기에 가장 알맞은 사람은 부모님입니다.

3 교실에서 자리를 바꾸어 달라는 부탁을 하기에 알맞은 사람은 선생님입니다.

4 ㉯는 문제가 되는 상황을 쓴 것입니다. ㉰는 부탁하는 내용이 드러나 있지 않습니다.

6 주어진 상황에서는 반 친구들에게 급식을 남기지 말자는 부탁을 할 수 있습니다.

9 새 책을 사 달라는 부탁에 어울리는 까닭은 ㉯이고, 학교 앞 도로에 주차를 하지 말아 달라는 부탁에 어울리는 까닭은 ㉰입니다.

10 빈칸에는 자전거를 타면 좋은 점이나 자전거 타는 법을 배우고 싶은 까닭을 써야 합니다.

12 ㉮에서 "내 말 꼭 들어야 해. 안 그러면 다음부터 너와 안 놀 거야."는 예의 바르지 못한 표현입니다.

이렇게 써 봐요!

1 부탁하는 글을 써야 하는 상황을 한 가지 떠올려 쓰세요.

> 예 위층에 사는 누나가 밤늦게까지 피아노를 쳐서 시끄럽다.

2 1에서 답한 상황을 해결하기 위해 누구에게 어떤 부탁을 하면 좋을지 쓰세요.

부탁할 사람	예 704호에 사는 누나
부탁하는 내용	예 9시 이후에는 피아노를 치지 말아 주세요.
부탁하는 까닭	예 자기 전에 책을 읽고 자는데 피아노 소리 때문에 시끄러워서 책을 읽을 수 없어요.

> 부탁하는 글을 쓸 때에는 부탁 받는 사람의 마음을 생각하며 써야 해. 그리고 부탁하는 일에 대해 알맞은 까닭을 쓰면 자신의 생각을 잘 전할 수 있어.

3 2에서 정리한 내용을 바탕으로 하여 부탁하는 글을 쓰세요.

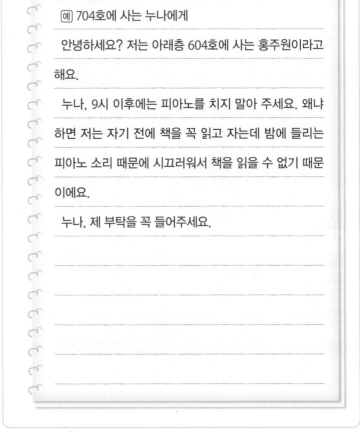

> 예 704호에 사는 누나에게
>
> 안녕하세요? 저는 아래층 604호에 사는 홍주원이라고 해요.
>
> 누나, 9시 이후에는 피아노를 치지 말아 주세요. 왜냐하면 저는 자기 전에 책을 꼭 읽고 자는데 밤에 들리는 피아노 소리 때문에 시끄러워서 책을 읽을 수 없기 때문이에요.
>
> 누나, 제 부탁을 꼭 들어주세요.

📖 편지 어떻게 쓸까요?

130~133쪽

1 (2) ○ **2** 지수 **3** 안녕? **4** 예 안녕하세요? 저 현주예요. **5** (1) ㉯ (2) ㉮ **6** 예 오래 기다리게 해서 미안해. 다음부터는 약속 잘 지킬게. **7** (1) 그럼 안녕! (2) 안녕히 계세요. **8** 예 방학 동안 건강하게 잘 지내. 안녕!

1 민호는 경비 아저씨께 고마운 마음을 편지로 써야겠다고 했습니다.

2 초롱이가 지수에게 쓴 편지입니다.

3 친구에게 쓴 편지의 첫인사로 알맞은 것은 '안녕?'입니다.

5 책을 빌려준 친구에게는 책을 빌려주어서 고맙다는 말을 전하기에 알맞고, 운동을 하다가 다친 친구에게는 얼른 나아서 같이 놀자는 말을 전하기에 알맞습니다.

6 약속 시간에 늦은 종석이가 친구 현우에게 미안한 마음을 전하는 편지입니다. 빈칸에는 미안한 마음을 표현하는 말이 들어갈 수 있습니다.

7 '그럼 안녕!'은 친구나 동생에게 쓴 편지의 끝인사로 알맞고, '안녕히 계세요.'는 어른께 쓴 편지의 끝인사로 알맞습니다.

8 빈칸에 들어갈 끝인사의 내용으로는 민주가 방학 동안 잘 지내기를 바라는 내용이나 마지막으로 인사하는 말을 쓰는 것이 좋습니다.

😊 이렇게 써 봐요!

1 편지를 받을 사람을 쓰세요.

> 예 엄마

2 1에서 답한 사람에게 편지를 쓸 때 알맞은 첫인사를 쓰세요.

> 예 엄마, 안녕하세요? 저 다솔이에요.

3 1에서 답한 사람에게 전하고 싶은 말을 쓰세요.

> 예 어제 학원에 가기 싫어서 엄마에게 거짓말을 했어요. 죄송해요. 앞으로는 거짓말을 하지 않을게요.

4 1에서 답한 사람에게 편지를 쓸 때 알맞은 끝인사를 쓰세요.

> 예 엄마, 사랑해요.

5 1~4에서 정리한 내용을 바탕으로 하여 편지를 쓰세요.

> 예 엄마에게
>
> 엄마, 안녕하세요. 저 다솔이에요.
>
> 어제 제가 머리가 아프다고 해서 엄마가 많이 걱정했잖아요? 그런데 사실은 학원에 너무 가기 싫어서 머리가 아프다고 거짓말을 했어요. 제 거짓말을 듣고 걱정하는 엄마 모습을 보면서 무척 죄송했어요. 엄마, 거짓말을 해서 정말 죄송해요. 다음부터는 거짓말을 하지 않을게요. 그리고 학원에 가기 싫을 때는 솔직하게 말할게요.
>
> 엄마, 사랑해요.
>
> 20○○년 10월 1일
>
> 정다솔 올림

독서노트

내가 읽은 책은?

읽은 날짜　월　일

책 제목	당신이 하는 일은 모두 옳아요
글쓴이	안데르센

1 이 글을 읽고 기억에 남는 장면과 그 까닭을 쓰세요.

✔ 기억에 남는 장면

예 두 신사가 약속대로 할아버지에게 금화를 준 장면

✔ 그 까닭

예 할머니의 말과 행동에 감동을 받은 두 신사가 약속을 잘 지킨 점이 기억에 남아서

2 이 글을 읽고 어떤 생각이나 느낌이 들었는지 쓰세요.

예 할머니처럼 다른 사람을 잘 믿어 주어야겠다.

만족도　· 재미 ·　· 지식 ·　· 감동 ·　총 평점
★★★★★　★★★★★　★★★★★　★★★★★

※ 가이드북 16쪽에 있는 예시 답안을 확인하세요.

내가 읽은 책은?

읽은 날짜　월　일

책 제목	바깥 활동 안전 수첩
글쓴이	최옥임

1 이 글을 읽고 새로 알게 된 내용과 그 내용에 대한 생각이나 느낌을 쓰세요.

✔ 새로 알게 된 내용

예 공원에서 공놀이를 할 때 공을 그물망이나 손가방에 넣어 다녀야 한다는 것

✔ 생각이나 느낌

예 공을 들고 다니는 것이 위험하다는 생각을 하지 못했는데, 새로 알게 되어 꼭 지켜야겠다는 생각이 들었다.

2 이 글을 읽고 더 알고 싶은 내용은 무엇인지 쓰세요.

예 요즘 우리나라에서도 지진이 나고 있는데, 지진이 나면 어떻게 대피해야 하는지 알고 싶다.

만족도　· 재미 ·　· 지식 ·　· 감동 ·　총 평점
★★★★★　★★★★★　★★★★★　★★★★★

※ 가이드북 16쪽에 있는 예시 답안을 확인하세요.

내가 읽은 책은?

읽은 날짜　월　일

책 제목	이르기 대장 나최고
글쓴이	조성자

1 이 글을 읽고 기억에 남는 장면과 그 까닭을 쓰세요.

✔ 기억에 남는 장면

예 최고가 지수에게 공기 알 다섯 개를 내미는 장면

✔ 그 까닭

예 최고가 지수에게 사과하는 마음이 잘 느껴졌고, 최고가 자신의 잘못을 깨달은 것 같아서

2 이 글을 읽고 어떤 생각이나 느낌이 들었는지 쓰세요.

예 최고처럼 무조건 다른 사람의 잘못을 이르지 말고 그 사람의 입장이나 기분도 생각해야겠다.

만족도　· 재미 ·　· 지식 ·　· 감동 ·　총 평점
★★★★★　★★★★★　★★★★★　★★★★★

※ 가이드북 16쪽에 있는 예시 답안을 확인하세요.

내가 읽은 책은?

읽은 날짜　월　일

책 제목	우리 땅 곤충 관찰기(신기한 능력을 가진 곤충들)
글쓴이	정부희

1 이 글을 읽고 새로 알게 된 내용과 그 내용에 대한 생각이나 느낌을 쓰세요.

✔ 새로 알게 된 내용

예 된장잠자리가 동남아시아에서 우리나라까지 날아온다는 사실을 알게 되었다.

✔ 생각이나 느낌

예 작은 몸이지만 먼 거리를 날 수 있다는 사실이 신기하고 놀라웠다.

2 이 글을 읽고 더 알고 싶은 내용은 무엇인지 쓰세요.

예 넓적사슴벌레처럼 크고 화려한 뿔을 자랑하는 곤충에는 어떤 것이 있는지 알고 싶다.

만족도　· 재미 ·　· 지식 ·　· 감동 ·　총 평점
★★★★★　★★★★★　★★★★★　★★★★★

※ 가이드북 16쪽에 있는 예시 답안을 확인하세요.

기적의 학습서
오늘도 한 뼘 자랐습니다